DISCARD

La historia de los Mundiales

Chicago Public Library

REFERENCE

Form 178 rev. 11-00

```
Sp/ GV 943 .F35 2005
Falcciani, Nestor R.
La historia de los
 mundiales  /
```

Chicago Public Library
Toman Branch
2708 S Pulaski
Chicago, Il 60623

Nestor R. Falcciani
 La historia de los mundiales. - 1ª. ed.-Buenos Aires: Grupo Imaginador de Ediciones, 2005.
 72 p.; 20x14 cm.

ISBN: 950-768-527-8

1. Mundiales de fútbol-Historia I. Título
CDD 796.334 668

Fotografías: Clarín Contenidos

Primera edición: diciembre de 2005

I.S.B.N.: 950-768-527-8

Se ha hecho el depósito que establece la ley 11.723
© GIDESA, 2005
Bartolomé Mitre 3749 - Ciudad Autónoma de Buenos Aires
República Argentina
Impreso en Argentina - Printed in Argentina

Se terminó de imprimir en Gama Producción Gráfica S.R.L., Zeballos 244, Avellaneda, con una tirada de 10.000 ejemplares.

No se permite la reproducción parcial o total, el almacenamiento, el alquiler, la transmisión o la transformación de este libro, en cualquier forma o por cualquier medio, sea electrónico o mecánico, mediante fotocopias, digitalización u otros métodos, sin el permiso previo y escrito del editor. Su infracción está penada por las Leyes 11.723 y 25.446.

Acerca de los Mundiales

Antecedentes

En 1905, a partir de una idea del francés Robert Guérin y del holandés C.A.W. Hirschmann –el primer presidente y secretario general de la FIFA (Fédération Internationale de Football Association)–, se realizó la presentación de un reglamento de un torneo que incluía la participación de trece equipos europeos divididos en cuatro grupos; y se había designado a Suiza como sede de la fase final del torneo. No obstante, ningún país respondió con interés... y el proyecto fracasó.

En 1908, el fútbol fue incluido entre los deportes en los Juegos Olímpicos disputados en Londres. Fue todo un éxito: tanto la organización como el rol protagónico que ganó. Lo mismo sucedió en Estocolmo, en 1912, donde se demostró que la celebración de un campeonato de fútbol internacional podía ser un hecho glorioso.

En 1914, los franceses Jules Rimet y Henri Delaunay expresaron la posibilidad de que la FIFA diagramara el campeonato tan esperado. Pero la falta de apoyo ganó otra vez, y junto con la Primera Guerra Mundial todas las posibilidades se derrumbaron. Sin embargo, seis años más tarde se celebraron en Amberes (Bélgica) nuevamente los Juegos Olímpicos y el fútbol, una vez más, demostró que era un deporte que gozaba de gran popularidad.

Pero el estallido se produjo en los Juegos de 1924, en París, con la presencia de la selección uruguaya, que fue un espectáculo aparte y que, además, obtuvo la medalla de oro de manera rotunda, imponiéndose sobre veintiuna selecciones en total. La final la disputó con Suiza, en el estadio de Colombes: aquel día concurrieron a presenciar el partido más de 50 mil espectadores.

Nace el Mundial

En 1926 una comisión presidida por Jules Rimet –presidente de la FIFA en aquel entonces– estudió la posible realización de una copa del mundo. La propuesta se expuso luego de las olimpiadas realizadas en Ámsterdam. Tuvieron que pasar dos años para que un congreso llevado a cabo en Barcelona, el 18 de mayo de 1929, diera el veredicto final: en la nueva competición –a diferencia de los Juegos Olímpicos, donde sólo podían participar jugadores amateurs–, este nuevo torneo permitía la participación de jugadores sin distinción: tanto amateurs como profesionales. Por ello, los países que tomarían parte de la primera edición de la Copa del Mundo contarían con todo su potencial futbolístico disponible.

Y allí quedó demostrado que la medalla de oro obtenida por Uruguay en Amsterdam 1924 no había sido en vano: otra vez se hizo merecedor de ser el elegido por el congreso de Barcelona como la nación sede donde se disputaría el primer Campeonato Mundial de fútbol.

Tiempo después, los uruguayos se comprometieron con la construcción de un estadio con una capacidad para 108 mil espectadores: el eterno Estadio Centenario. Y su nombre se debe a que el año de construcción coincidía con la celebración del centenario de este país.

 La construcción del estadio finalizó poco antes de comenzar el torneo, pero no pudo ser utilizado hasta el noveno partido de la Copa, debido a que fuertes lluvias inundaron el campo de juego.

El escultor de la primera copa fue el francés Abel Lafleur, encargado de elaborar el trofeo que, a partir de 1950, fue denominado Copa Jules Rimet, en honor al gran precursor de esta competición. Esta pequeña estatua fue confeccionada con plata fina y oro puro, pesaba 3,8 kilogramos y medía 35 centímetros de altura. Además, representaba a la diosa de la Victoria, que extendía sus brazos para poder sostener una copa de borde octagonal en una base de piedras preciosas (lapislázuli) que tenía una placa de oro en cada uno de sus cuatro lados. Justamente, allí se colocaría el nombre del trofeo y de cada uno de los ganadores de los mundiales disputados entre 1930 y 1970. La copa Jules Rimet quedó en poder de Brasil, al ganarla en tres ocasiones.
Luego, su existencia comenzó a correr peligro: fue robada en dos ocasiones, y hoy se desconoce su ubicación.

La Copa FIFA

Antes de disputarse en Alemania el Mundial de 1974, la FIFA organizó un concurso para buscar un nuevo trofeo, debido a que la Copa Rimet había quedado en poder de Brasil. La estatua elaborada por el escultor italiano Silvio Gazzaniga ganó el concurso, y se la denominó Copa FIFA.

El trofeo fue fabricado con oro macizo de 18 quilates y malaquita, pesa 5 kilogramos y mide 36 centímetros de altura. El autor dijo que "las líneas nacen en la base, emergen en espirales, y se alargan para recoger al mundo. Desde las tiesuras dinámicas muy distinguidas del cuerpo compacto emergen las figuras de dos atletas en el frenético momento de la victoria".

La Copa del Mundo se entrega a un ganador cada cuatro años, y la conserva hasta la próxima edición del Mundial, cuando la debe entregar. Al terminar dicho torneo, al campeón se le otorga una réplica bañada en oro de 18 quilates. Al igual que la Copa Jules Rimet, los nombres de los ganadores de la Copa FIFA están grabados debajo de la base del trofeo.

Los Mundiales...
la historia de una pasión

Uruguay 1930 / El surgimiento

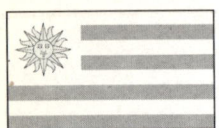

Motivada por los resultados obtenidos en las dos últimas Olimpiadas y como parte de las celebraciones del centenario de su independencia, la Fédération Internacionale de Football Association (FIFA) eligió a Uruguay para organizar el primer Campeonato Mundial de este deporte.

Así fue que el 5 de julio de 1930, el barco Conde Verde ancló en el puerto de Montevideo, luego de tres semanas de viaje, proveniente de Europa. Con él arribaban jugadores yugoslavos, belgas y rumanos, más los brasileños que habían subido en Río de Janeiro. El buque, además, trasladaba el trofeo por el que pelearían siete selecciones americanas y cuatro del continente europeo. Y luego de idas y vueltas, de discusiones y acuerdos, el primer Campeonato Mundial de Fútbol comenzó.

Los encargados de inaugurar fueron Francia y México, en un partido que terminó en goleada por 4 a 1 para los europeos. Y luego de varias disputas entre estos siete países los resultados se dieron como se esperaba: los dos favoritos, Uruguay y la Argentina, se deshicieron de sus rivales y accedieron a las semifinales. Por otro lado, Yugoslavia –que logró derrotar a Brasil–, y los Estados Unidos –con unos cuantos jugadores escoceses nacionalizados–, eran los otros dos semifinalistas.

En esta instancia tampoco se produjeron resultados sorprendentes: Uruguay y la Argentina ganaron por 6 a 1 sus respectivos partidos. Finalmente, el 30 de julio, en el nuevo estadio Centenario de Montevideo, y con la presencia de 30 mil fanáticos "porteños", la Argentina empezó ganando el primer tiempo por 2 a 1 con goles de Peucelle y de Stábile, el goleador del campeonato. Pero el sueño se derrumbó, porque Uruguay dio vuelta el resultado por 4 a 2, con goles de Dorado, Cea, Santos Iriarte y Héctor Castro para los "charrúas", y se llevó el primer trofeo Jules Rimet.

Ficha técnica

La sede: el estadio Centenario fue inaugurado en 1930, en Montevideo, con una capacidad para 80 mil espectadores. Allí se jugó la final.

El balón: creado en 1880, era de color marrón con gajos rectangulares y tenía una costura notoria.

El campeón: Uruguay (Ballestrero, Nasazzi y Mascheroni; Andrade, Fernández y Gestido; Dorado, Scarone, Castro, Cea y Santos Iriarte).

Récords de los Mundiales

La Copa del Mundo de 1930 se desarrolló en una sola ciudad, Montevideo, con sus 3 estadios (Centenario, Pocitos y Parque Central). El torneo en España en 1982, con 24 equipos, se jugó en 14 ciudades y utilizó 17 estadios (dos en Barcelona, Madrid y Sevilla) para jugar los 52 partidos.

Estadísticas

- Espectadores: 434.500
- Cantidad de países: 13
- Partidos jugados: 18
- Empates: 0
- Goles: 70
- Promedio de goles por partido: 3,88

- Partido con más goles: Argentina 6 – México 3
- Máximas goleadas: Argentina 6 – Estados Unidos 3
  Uruguay 6 – Yugoslavia 1
- Máximos goleadores: Stábile (Argentina) 8
  Cea (Uruguay) 5
  Subiabre (Chile) 4

Curiosidades y algo más

1 El guardameta francés Thépot fue el primer jugador en retirarse antes de la finalización de un partido, al lesionarse; mientras que el rumano Steiner se convirtió, en 1930, en el primero en fracturarse en una Copa del Mundo.

2 En esta Copa del Mundo no se permitían los reemplazos de jugadores.

3 Este primer Mundial se disputó entre el 13 y el 30 de julio, y duró diecisiete días. Sin embargo, en los carteles que lo promocionaban se leía que el torneo se jugaría entre el 15 de julio y el 15 de agosto.

4 Al ver la alegría del pueblo uruguayo en las calles, que duró varios días, el gobierno proclamó el 31 de julio Fiesta nacional.

5 El árbitro brasileño Almeido Rego hizo terminar el partido entre Francia y la Argentina cuatro minutos antes del tiempo reglamentario, cuando los europeos estaban cerca (o al menos lo intentaban) de conseguir el empate. El público invadió la cancha para protestar, y mientras la policía sacaba a la gente infiltrada, un juez de línea convenció a Rego para que se percatara de su error: entonces llamó a los jugadores, que ya estaban en los vestuarios, y reanudó el partido.

Fixture

Primera Fase

Grupo 1

Francia-México 4-1 • Argentina-Francia 1-0 • Chile-México 3-0
Chile-Francia 1-0 • Argentina-México 6-3 • Argentina-Chile 3-1

Grupo 2

Yugoslavia-Brasil 2-1 • Yugoslavia-Bolivia 4-0 • Brasil-Bolivia 4-0

Grupo 3

Rumania-Perú 3-1 • Uruguay-Perú 1-0 • Uruguay-Rumania 4-0

Grupo 4

EE.UU.-Bélgica 3-0 • EE.UU.-Paraguay 3-0 • Paraguay-Bélgica 1-0

Semifinales

Argentina-EE.UU. 6-1 • Uruguay-Yugoslavia 6-1

Final

Uruguay-Argentina 4-2

¿Sabía que...?

El alemán Lothar Matthaus es quien más partidos disputó en las rondas finales: 25 (en 1982, 1986, 1990, 1994 y 1998). También, con 5 participaciones en los Mundiales, comparte ese mérito con otros dos jugadores: Antonio Carbajal, de México (1950, 1954, 1958, 1962 y 1966) y Frank Van der Elst, de Bélgica (1982, 1986, 1990, 1994 y 1998).

Récords de los Mundiales

Existe un récord que será difícil de alcanzar: son los 185 mil fanáticos que concurrieron al estadio Maracaná, en Río de Janeiro, el 16 de julio de 1950 (algunos aseguran que había más de 200 mil personas). Con el tanteador 1 a 1, Ghiggia rompió los corazones de los locales anotando el gol ganador para Uruguay once minutos antes de la finalización del encuentro. Junto con 1958, fue un Mundial en el que el equipo anfitrión alcanzó la final y no ganó el título.

Italia 1934 / La squadra azzurra

Italia fue el segundo país en organizar el Campeonato Mundial de Fútbol. Se trataba de demostrarle al mundo la supremacía de la nación italiana, aun cuando la *squadra azzurra* formaba con cuatro estrellas argentinas nacionalizadas italianas.

Sin primera fase por grupos, con los octavos de final, el 27 de mayo se dio inicio al campeonato. Los italianos golearon por 7 a 1 a los Estados Unidos; Brasil perdió ante España por 3 a 1; la Argentina por 3 a 2 ante Suecia. Y Uruguay se había negado a participar.

En los cuartos de final las cosas comenzaron a complicarse para Italia: para lograr el paso a las semifinales el equipo tuvo que ganarles en un partido de desempate a los españoles, luego de haber igualado en el primer encuentro.

Para Austria tampoco resultó sencillo: derrotó a Francia, y si bien era el favorito, los locales ganaron 1 a 0 y se convirtieron en finalistas.

El 30 de mayo se disputó la gran final: allí, los checos se pusieron en ventaja y toda Italia enmudeció. Los jugadores locales se desesperaron, hasta que Orsi –un argentino nacionalizado italiano–, recibió un pase de su compatriota Guaita, dejó al guardameta por el camino y logró empatar. En el tiempo suplementario, Schiavio marcó el gol de la victoria para que Italia se quedara con la segunda Copa del Mundo.

¿Sabía que...?

Los jugadores que han jugado Copas del Mundo con dos camisetas diferentes fueron los siguientes: los argentinos Luis Monti y Atilio Demaría (Argentina 1930 e Italia 1934), el español José Santamaría (Uruguay 1954 y España 1962), el húngaro Ferenc Puskas (Hungría 1954 y España 1962) y el brasileño José Altafini (Brasil 1958 e Italia 1962).

Ficha técnica

Sede: el estadio del Partido Nacional Fascista (hoy Flaminio), que fue inaugurado en 1928, en Roma, con una capacidad para 55 mil espectadores. Allí se jugó la final.

El balón: se mantuvo el mismo que en el Mundial de Uruguay.

El campeón: Italia (Combi, Monzeglio y Allemandi; Ferrari IV, Monti y Bertolini; Guaita, Meazza, Schiavio, Ferrari y Orsi).

Estadísticas

- Espectadores: 395.000
- Cantidad de países: 16
- Partidos jugados: 17
- Empates: 1
- Goles: 80
- Promedio de goles por partido: 4,11

- Partido con más goles: Italia 7 – Estados Unidos 1
- Máxima goleada: Italia 7 – Estados Unidos 1
- Máximos goleadores: Schiavio (Italia) 4
                           Conen (Alemania) 4
                           Nejedly (Checoslovaquia) 4

Curiosidades y algo más

1 En esta edición del Mundial se triplicó la inscripción de países participantes con respecto al primero. Resultaron ser treinta y dos las asociaciones que se anotaron (incluso llegaron cinco solicitudes fuera de término, pero el comité organizador las aceptó igual; se trataba de la Argentina, Bulgaria, Grecia, Palestina y Perú) y debieron organizarse varios grupos para disputar las eliminatorias.

2 Por los cuartos de final se enfrentaban Austria y Hungría, en un partido desleal, donde sobraron las patadas. Allí, el húngaro Imre Markos se convirtió en el único expulsado del torneo. El partido lo ganó el *wunderteam* austríaco y por semifinales tuvieron que jugar contra los dueños de casa.

3 Por primera vez se juegan las eliminatorias. Italia participó.

Récords de los Mundiales

El brasileño Mario Zagallo y el alemán Franz Beckenbauer consiguieron un lugar destacado en la historia de los Mundiales por haber sido Campeones como jugadores y directores técnicos. Zagallo obtuvo dos Copas como jugador (1958 y 1962) y una como DT (1970), mientras que Beckenbauer ganó una como jugador (1974) y una como DT (1990).

Fixture

Octavos de Final

Italia-EE.UU. 7-1 • Checoslovaquia-Rumania 2-1 • Alemania-Bélgica 5-2
Austria-Francia 3-2 • España-Brasil 3-1 • Suiza-Holanda 3-2
Suecia-Argentina 3-2 • Hungría-Egipto 4-2

Cuartos de Final

Alemania-Suecia 2-1 • Checoslovaquia-Suiza 3-2
Austria-Hungría 2-1 • Italia-España 1-1 (p. desemp. 1-0)

Semifinales

Checoslovaquia-Alemania 3-1 • Italia-Austria 1-0

Tercer Puesto

Alemania-Austria 3-2

Final

Italia-Checoslovaquia 2-1

Récords de los Mundiales

Walter Zenga, guardameta de Italia, posee el récord de minutos sin recibir un gol: 517 minutos (casi 6 partidos) en el Mundial de 1990. Claudio Caniggia, de la Argentina, acabó con el invicto en la semifinal que Italia perdió por penales.

Récords de los Mundiales

En 1970 fue la primera vez que se usaron las tarjetas roja y amarilla para sancionar a un jugador que cometiese una falta. El primer expulsado fue Carlos Caszely, de Chile, en 1974. Esto sucedió treinta y cuatro años después de la primera expulsión de la historia del fútbol, la de Galindo, jugador de Perú. Otro récord referido a las expulsiones es el marcado por José Batista, de Uruguay, que fue expulsado en el primer minuto de juego, el 13 de junio de 1986.

Francia 1938 /
La imparable selección italiana

Los sudamericanos se quejaron, pero igual el Mundial de 1938 lo organizó otra vez un país europeo. Todo comenzó el 5 de julio, en París.

La primera sorpresa la dio Cuba cuando eliminó a Rumania; la segunda Suiza, que dejó afuera a Alemania. Envalentonados, con el apoyo de todo un estadio, luego de ir perdiendo 2 a 0, los suizos pasaron a ganar 4 a 2. Sin dudas, una hazaña histórica.

En su debut, Italia tuvo que sudar para vencer a una debilitada selección noruega, y casi no lo logra. Luego de ese susto, la *squadra azzurra* empezó a funcionar: eliminó a los locales con un 3 a 1, y luego a Brasil (que había dejado afuera a Checoslovaquia en un partido de desempate).

En la final, Hungría quiso arrebatarle el título a Italia, con un rendimiento brillante (luego de haberle ganado a Suecia por 5 a 1 en semifinales) pero fue inútil. Los italianos los aplastaron con un 4 a 2 y se llevaron la copa nuevamente.

Récords de los Mundiales

En España 1982, a los 17 años y 42 días, el delantero norirlandés Norman Whiteside se convirtió en el jugador más joven en jugar la Copa del Mundo. Fue contra Yugoslavia, en Zaragoza. Aún hoy mantiene dicho récord. En el otro extremo, el camerunés Roger Milla fue el jugador de mayor edad en disputar una Copa del Mundo cuando jugó contra Rusia en 1994. Tenía 42 años y 39 días de edad.

Ficha técnica

La sede: el estadio Colombes, que fue inaugurado en 1922, en París, con una capacidad para 65 mil espectadores. Fue sede de la Villa Olímpica en 1924.

El balón: se utilizó el balón con válvula.

El campeón: Italia (Olivieri, Foni y Rava; Serantoni, Andreolo y Locatelli; Biavati, Meazza, Piola, Ferrari y Colaussi).

Estadísticas

- Espectadores: 483.000
- Cantidad de países: 15
- Partidos jugados: 18
- Empates: 3
- Goles: 84
- Promedio de goles por partido: 4,66

- Partido con más goles: Brasil 6 – Polonia 5
- Máxima goleada: Hungría 6 – Antillas Holandesas 0
- Máximos goleadores: Leónidas (Brasil) 8
  Szengeller (Hungría) 7
  Piola (Italia) 5

Curiosidades y algo más

1 Los argentinos Antonio Tossolini, Juan Valbonesi y Luis Polo inventaron el balón de fútbol sin tiento. Lo que hicieron fue crear la cámara con válvula, que se inflaba por inyección, y a partir de este Mundial los jugadores pudieron cabecear sin miedo a las consecuencias que les traía el tiento. Incluso, diecisiete de los ochenta y cuatro goles fueron convertidos de cabeza.

2 Por aquellos años había una vedette muy famosa, a la que llamaban Mistinguette, y en su compañía de varieté tenía a un brasileño de nombre Machado, al igual que el defensor de la selección de Sudamérica.
Luego de la victoria brasileña sobre Polonia por 6 a 5, la diva le envió al seleccionado brasileño un telegrama para felicitarlos por el triunfo. Finalmente, al seleccionado de Brasil se lo denominó *El Team de la Mistinguette*.

3 Brasil y Polonia se enfrentaban bajo una lluvia torrencial. Leónidas, de Brasil, se cansó de tanto barro, se sacó los botines, y se los tiró a su entrenador. Quería seguir descalzo, pero el árbitro se lo impidió. Poco después, perdió un zapato en medio del área rival y con un pie descalzo hizo un golazo (una acción que hoy ya no valdría por el cambio que hubo en la reglamentación).

4 Jugaban Italia y Brasil en el estadio Velodrome, en Marsella. Luego de una hora de empezado el partido el seleccionado europeo ganaba por 1 a 0 y tenía la oportunidad de aumentar a través de un penal. El jugador encargado para esas circunstancias era Guiseppe Meazza, pero se encontraba en problemas: el elástico de sus pantalones se había roto. Sin embargo, no se detuvo; con su mano izquierda se lo sostuvo y con la derecha colocó el balón en el punto penal. Ni siquiera dio oportunidad alguna al guardameta brasileño con su remate. Italia ganó y avanzó a la final, donde defendió exitosamente el título.

Fixture

Octavos de Final

Italia-Noruega 2-1 • Suiza-Alemania 1-1 (p. desemp. 4-2)
Suiza-Alemania 4-2 • Francia-Bélgica 3-1
Checoslovaquia-Holanda 3-0
Hungría-Ant. Holandesas 6-0 • Brasil-Polonia 6-5
Cuba-Rumania 3-3 (p. desemp. 2-1)

Cuartos de Final

Italia-Francia 3-1 • Brasil-Checoslovaquia 1-1 (p. desemp. 2-1)
Hungría-Suiza 2-0 • Suecia-Cuba 8-0

Semifinales

Italia-Brasil 2-1 • Hungría-Suecia 5-1

Tercer Puesto

Brasil-Suecia 4-2

Final

Italia-Hungría 4-2

Brasil 1950 / El maracanazo

Durante la Segunda Guerra Mundial, la copa Jules Rimet había sido conservada por los italianos en una caja fuerte de un banco romano. Debido a la situación por la que atravesaba Europa, a Brasil le resultó sencillo convertirse en la sede para la cuarta edición de esta competencia.

Hubo varios retiros, entre ellos el de la Argentina, porque tuvieron diferencias con el Comité Deportivo brasileño. Sólo trece selecciones se midieron, divididas en cuatro zonas, de las que salió una quinta para la definición.

El 24 de junio de 1950, en el grandioso estadio Maracaná de Río de Janeiro, 160 mil personas ovacionaron la abultada goleada de Brasil contra México, por 4 a 0, en el partido inaugural. Un buen comienzo...

No obstante, el carnaval duró poco. Brasil estuvo a punto de quedar afuera tras empatar con Suiza, y casi vio amenazada la clasificación. Tuvo que enfrentar a Yugoslavia, a matar o morir. El partido se disputó en San Pablo: fue casi un trámite, un cómodo 2 a 0 llevó a Brasil a la segunda fase.

Junto con los locales, a la etapa final llegaron Uruguay, Suecia y España. Para sorpresa de todo el mundo, Italia -el bicampeón- e Inglaterra -que jugaba por primera vez un Mundial de la FIFA- quedaron afuera. Aquella inesperada derrota de los ingleses frente a los Estados Unidos y la posterior caída británica con España quedaron enterradas debido a la apasionante definición del campeonato.

Los protagonistas esta vez fueron Brasil y Uruguay, y a los locales les alcanzaba con empatar. Todo un país festejaba por anticipado, y el Maracaná se colmó.

Brasil empezó de manera inmejorable con un gol de Friaça y terminó el primer tiempo en ventaja. Pero, claro, en Río de Janeiro nadie pensaba lo que vendría. En la segunda etapa Schiaffino empató y Ghiggia convirtió el segundo gol de Uruguay, que le ganó 2 a 1 a Brasil y se consagró bicampeón del mundo en el estadio que los brasileños habían construido para verse triunfar.

Ni siquiera el título de goleador al delantero Ademir ni el éxito financiero les sirvieron de consuelo.

Ficha técnica

La sede: el estadio Maracaná, que fue inaugurado en 1950, en Río de Janeiro, con una capacidad de 183.345 espectadores. Fue construido en 22 meses. Allí se jugó la final.

El balón: se utilizó uno similar al del Mundial anterior.

El campeón: Uruguay (Máspoli, Matías González y Tejera; Gambetta, Varela y Rodríguez Andrade; Ghiggia, Pérez, Míguez, Schiaffino y Morán).

Estadísticas

- Espectadores: 1.337.300
- Cantidad de países: 13
- Partidos jugados: 22
- Empates: 3
- Goles: 88
- Promedio de goles por partido: 4

- Partidos con más goles: Uruguay 8 – Bolivia 0
  Brasil 7 – Suecia 1
- Máxima goleada: Uruguay 8 – Bolivia 0
- Máximos goleadores: Ademir (Brasil) 7
  Schiaffino (Uruguay) 5
  Basora (España) 5

Curiosidades y algo más

1 Eric Nilsson, de Suecia, y Alfred Bickel, de Suiza, fueron los dos únicos futbolistas que participaron en la Copa del Mundo antes y después de la Segunda Guerra Mundial. Ambos jugaron en las ediciones de 1938 y 1950.

2 La India, único país asiático en participar de esta Copa, renunció a esta edición porque la FIFA no les permitió a sus futbolistas jugar descalzos como lo hacían en su país.

3 Un periodista de la radio brasileña llamado Ary Barroso, que en ese momento estaba relatando la final del mundo para todo el país, concluyó su trabajo inmediatamente después del segundo gol uruguayo: "...yo ya sabía, yo ya sabía, yo ya sabía, no relato más". En ese momento, decidió abandonar la cabina de transmisión y también su carrera como relator. Se dedicó a la música, y entre sus creaciones figura "Aquarela de Brasil", un clásico de la música de ese país.

Récords de los Mundiales

Otro record único es el del guardameta de México Antonio Carbajal: representó a su país cinco veces, entre 1950 y 1966. Nueve jugadores lo han hecho cuatro veces, incluso Diego Maradona y Lothar Matthaus.

Fixture

Primera Fase

Grupo 1

Brasil-México 4-0 • Yugoslavia-Suiza 3-0 • Brasil-Suiza 2-2
Yugoslavia-México 4-1 • Brasil-Yugoslavia 2-0 • Suiza-México 2-1

Grupo 2

Inglaterra-Chile 2-0 • España-EE.UU. 3-1 • España-Chile 2-0
EE.UU.-Inglaterra 1-0 • España-Inglaterra 1-0 • Chile-EE.UU. 5-2

Grupo 3

Suecia-Italia 3-2 • Suecia-Paraguay 2-2 • Italia-Paraguay 2-0

Grupo 4

Uruguay-Bolivia 8-0

Liguilla Final

Uruguay-España 2-2 • Brasil-Suecia 7-1 • Uruguay-Suecia 3-2
Brasil-España 6-1 • Suecia-España 3-1

Final

Uruguay-Brasil 2-1

¿Sabía que...?

Los goles más rápidos que se marcaron en un Mundial
fueron los siguientes:
1) 11 segundos. Hakan Sükür, Turquía 2002 (Corea del Sur-Turquía)
2) 15 segundos, Vaclav Masek, Checoslovaquia 1962
(México-Checoslovaquia)
3) 27 segundos, Bryan Robson, Inglaterra 1982 (Inglaterra-Francia)
4) 37 segundos Bernard Lacombe, Francia 1978 (Francia-Italia).
En etapa clasificatoria, el gol más rápido de todos fue a los 7
segundos, marcado por Davide Gualtieri, de San Marino, el 17-11-93
en un encuentro ante Inglaterra.

Récords de los Mundiales

En Francia 98 se realizó la sustitución más rápida. Alejandro
Nesta reemplazó a Bergomi en el partido que Italia jugó
contra Austria, a los 4 minutos de juego.

Suiza 1954 / Asoma otro gigante

El Campeonato Mundial de Suiza 1954 fue el inicio de una nueva era en la historia de los Mundiales. Por primera vez se disputó un torneo con la participación masiva de europeos y americanos. Además, Asia debutó representada por Corea del Sur. Y como si todo esto fuera poco, apareció la televisión: se transmitió el partido de la inauguración, el 16 de junio, entre Francia y Yugoslavia.

Fue un duelo sin brillo y con un gol solamente. Pero cuando finalizó la primera fase había una extensa lista de resultados espectaculares. El 9 a 0 de Hungría contra Corea del Sur; el 7 a 0 de Uruguay frente a Escocia, y el empate en 4 goles entre Inglaterra y Bélgica maravillaban al mundo.

Así, todos imaginaban una final incierta: los húngaros, de la mano de Puskas y Coksis, se llevaban casi todos los pronósticos; también los uruguayos eran firmes candidatos, junto con Inglaterra y Brasil. Pero nadie había nombrado a Alemania, que tras perder por goleada en su debut contra Hungría, tenía varias sorpresas.

En la primera fase la selección alemana logró su clasificación y luego de deshacerse de los yugoslavos en cuartos de final, parecía decidida. Golearon 6 a 1 a Austria y obtuvieron un lugar en los cuartos de final. El 4 de julio se encontraron con la oportunidad de un desquite frente a los húngaros.

Invicta desde la finalización de Brasil 1950, con 27 victorias en 31 encuentros, Hungría llegó a la final con todo a su favor. A los pocos minutos de iniciado el partido en Berna, los húngaros se pusieron en ventaja. Al terminar el primer tiempo ganaban 2 a 0. Pero Alemania reaccionó. Entonces consiguió el empate, y cuando faltaban sólo 6 minutos para el final, el delantero Helmuth Rahn convirtió el gol que llevó a Alemania Federal a convertirse en el nuevo campeón.

Ficha técnica

La sede: el estadio de Wankdorf, que fue inaugurado en 1954, en la ciudad de Berna, con una capacidad para 55 mil espectadores. Allí se jugó la final.

El balón: de color marrón anaranjado, con los gajos en forma de T.

El campeón: Alemania (Turek, Posipal y Kohlmeyer; Eckel, Liebrich y Mai; Rahn, Morlock, Oskar Walter, Fritz Walter y Schäfer).

Estadísticas

- Espectadores: 943.000
- Cantidad de países: 16
- Partidos jugados: 26
- Empates: 2
- Goles: 140
- Promedio de goles por partido: 5,43

- Partidos con más goles: Austria 7 – Suiza 5
  Hungría 8 – Alemania 3
- Máxima goleada: Hungría 9 – Corea del Sur 0
- Máximos goleadores: Kocsis (Hungría) 11
  Morlock (Alemania) 6
  Probst (Austria) 6

Curiosidades y algo más

1 A partir de este Mundial se incorporan los números en las camisetas de los jugadores.

2 Por primera vez una Copa del Mundo se transmitió por TV: pudo vérsela en ocho países europeos, en un paquete que incluía nueve partidos de este mundial, una entrevista al Papa Pío XII y las 24 horas de Le Mans.

3 Luego de que Alemania disputara su primer partido frente a Turquía -que ganó por 4 a 1- el entrenador germano, Sepp Herberger, al no estar conforme con sus delanteros, decidió llamar de urgencia al puntero derecho Helmut Rahn, que se encontraba de gira con su equipo. El telegrama que recibió Rahn decía: "Preséntese urgente en Suiza en el primer avión". El delantero convirtió 4 goles en la misma cantidad de partidos, y hasta marcó un tanto en la final ganada por Alemania.

4 Uruguay y Hungría jugaban por la semifinal. Faltaban 3 minutos para el final del partido. En el minuto 87, el delantero "charrúa" Juan Eduardo Hohberg -que ya había convertido el primer tanto-, empujó el balón hacia la red, empató, y forzó a que se jugara el tiempo suplementario.
Lo curioso es que luego de hacer el segundo gol, el futbolista uruguayo, con una mezcla de emoción y cansancio... se desvaneció.

5 El conjunto alemán fue el primer equipo campeón del mundo en que dos hermanos integraban el plantel que finalmente alzó el trofeo: fueron Fritz y Oskar Walter (el capitán). Doce años más tarde, en Inglaterra 66, se consagraron los hermanos Jacky y Bobby Charlton.

Fixture

Primera Fase

Grupo 1
Yugoslavia-Francia 1-0 • Brasil-México 5-0
Francia-México 3-2 • Brasil-Yugoslavia 1-1

Grupo 2
Hungría-Corea del Sur 9-0
Alemania Federal-Turquía 4-1 (p. desemp. por puntos: 7-2)
Hungría-Alemania Federal 8-3 • Turquía-Corea del Sur 7-0

Grupo 3
Austria-Escocia 1-0 • Uruguay-Checoslovaquia 2-0
Austria-Checoslovaquia 5-0 • Uruguay-Escocia 7-0

Grupo 4
Inglaterra-Bélgica 4-4
Suiza-Italia 2-1 (p. desemp. por puntos: 4-1)
Inglaterra-Suiza 2-0 • Italia-Bélgica 4-1

Cuartos de Final
Uruguay-Inglaterra 4-2 • Hungría-Brasil 4-2
Austria-Suiza 7-5 • Alemania Federal-Yugoslavia 2-0

Semifinales
Alemania Federal-Austria 6-1 • Hungría-Uruguay 4-2

Tercer Puesto
Austria-Uruguay 3-1

Final
Alemania Federal-Hungría 3-2

Suecia 1958 / El fútbol tiene su Rey

Europa fue otra vez protagonista de la sexta edición de la Copa del Mundo. Precisamente en Suecia, allí se disputó el Mundial con las más bajas temperaturas de la historia. Y un país tropical, con un jugador de apenas 17 años de edad, se tomó la revancha. Se trataba del brasileño de Edson Arantes do Nascimento, más conocido como Pelé.

Por otro lado, la Argentina volvía a participar luego de negarse tres veces consecutivas. Aunque sus jugadores se proclamaban ganadores antes de empezar, al término de la primera fase el equipo tuvo que hacer las valijas para volver a casa. Checoslovaquia lo derrotó por 6 a 1 y ubicó a este país sudamericano último en su zona.

Mientras tanto, Brasil ya se había metido en cuartos de final. Su delantera ya había brillado en la zona más fuerte de la primera fase: 3 a 0 a Austria y 2 a 0 a los campeones olímpicos soviéticos. Solamente Inglaterra había logrado salir con la valla invicta, tras empatar 0 a 0.

El partido frente a Gales en cuartos de final fue el paso más difícil y también la presentación en sociedad de Pelé. Luego de aquella victoria ajustada empezó un show sin precedentes. Fue el turno de enfrentar a Francia, la gran revelación del torneo y que poseía a un verdadero goleador, Just Fontaine, que más tarde pasó a la historia como el hombre que más goles hizo en un Mundial. Con todo, lo suyo no fue suficiente contra las piruetas de Garrincha, Vavá y Pelé. Un rotundo 5 a 2 terminó con el fútbol francés.

El golpe final de un equipo que a esa altura parecía invencible lo sufrieron los locales, que luego de vencer a Alemania, por primera vez llegaban a una final.

Suecia convirtió el primer gol a los 5 minutos. Después, fue todo de Brasil: el gol de Vavá, los de Pelé y las vueltas de Garrincha. Y otra vez un 5 a 2.

Allí nació una de las estrellas más grandes que dio el fútbol.

Ficha técnica

La sede: el estadio Rosunda, que fue inaugurado en 1937, en Estocolmo, con una capacidad para 55 mil espectadores. Allí se jugó la final.

El balón: Se mantiene el mismo, con los gajos en forma de T.

El campeón: Brasil (Gilmar, Bellini y Nilton Santos; Djalma Santos, Zito y Orlando; Garrincha, Didí, Vavá, Pelé y Zagallo).

Estadísticas

- Espectadores: 868.000
- Cantidad de países: 16
- Partidos jugados: 35
- Empates: 10
- Goles: 126
- Promedio de goles por partido: 3,6

- Partido con más goles: Francia 7 – Paraguay 3
- Máxima goleada: Checoslovaquia 6 – Argentina 1
- Máximos goleadores: Fontaine (Francia) 13
  Rahn (Alemania) 7
  Pelé (Brasil) 6

Curiosidades y algo más

1 Irlanda del Norte, clasificada para disputar el Mundial de Suecia 1958, le pidió a la FIFA no jugar al fútbol los días domingo, por razones religiosas. Le respondieron que un cambio de esa naturaleza obligaría a modificar todo el calendario y que por ello no lo permitirían. Pero, a posteriori de meditarlo durante varios días, los irlandeses encontraron una solución muy ingeniosa: la prohibición de jugar al fútbol regía en Irlanda, no en Suecia; entonces, finalmente, jugaron con la conciencia tranquila.

2 "El fútbol argentino no necesita de los jugadores que están en el exterior", dijo Raúl Colombo, presidente de la Asociación de Fútbol Argentino, antes de que la selección de ese país comenzara el Mundial.
La Argentina quedó eliminada en la primera serie tras perder con Checoslovaquia 6 a 1.

3 Los mundiales organizados en Europa fueron ganados por equipos europeos, y los disputados en América por americanos. La única excepción a esta regla se marcó en esta edición de la Copa, disputada en Suecia y obtenida por Brasil.

Fixture

Primera Fase

<u>Grupo 1</u>

Alemania Fed.-Argentina 3-1
Irlanda N.-Checoslovaquia 1-0 (p. desemp. por puntos: 2-1)
Alemania Fed.-Checoslovaquia 2-2 • Argentina-Irlanda del Norte 3-1
Alemania Fed.-Irlanda N. 2-2 • Checoslovaquia-Argentina 6-1

<u>Grupo 2</u>

Francia-Paraguay 7-3 • Yugoslavia-Escocia 1-1
Paraguay-Escocia 3-2 • Yugoslavia-Francia 3-2
Francia-Escocia 2-1 • Yugoslavia-Paraguay 3-3

<u>Grupo 3</u>

Suecia-México 3-0
Gales-Hungría 1-1 (p. desemp. por puntos: 2-1)
• Gales-México 1-1 • Suecia-Hungría 2-1
Suecia-Gales 0-0 • Hungría-México 4-0

<u>Grupo 4</u>

URSS-Inglaterra 2-2 (p. desemp. por puntos: 1-0)
Brasil-Austria 3-0 • Brasil-Inglaterra 0-0
URSS-Austria 2-0 • Brasil-URSS 2-0 • Inglaterra-Austria 2-2

Cuartos de Final

Francia-Irlanda del Norte 4-0 • Alemania Fed.-Yugoslavia 1-0
Suecia-URSS 2-0 • Brasil-Gales 1-0

Semifinales

Brasil-Francia 5-2 • Suecia-Alemania Federal 3-1

Tercer Puesto

Francia-Alemania Federal 6-3

Final

Brasil-Suecia 5-2

Chile 1962 /
La magia de Brasil, una vez más

Otra vez un país americano fue sede de la Copa del Mundo.

La primera fase terminó sin mayores atractivos que una goleada de Hungría, otra de Yugoslavia y una proeza colombiana frente a la Unión Soviética –los sudamericanos perdían 4 a 1 y terminaron empatando el partido–. Lo que sí hubo fue una guerra de patadas sobre césped, cuatro partidos sin goles y una estrella lesionada en el segundo partido: nada menos que Pelé, que no pudo volver a jugar.

Algunas selcciones, como es el caso de Checoslovaquia, inauguraban las primeras tácticas defensivas de la historia y ni siquiera Brasil, que formaba casi con los mismos jugadores que el Mundial anterior, pudo mejorar el espectáculo.

Por suerte, los campeones del mundo comenzaron a levantar el nivel de juego. Con Garrincha y Amarildo –que fue quien reemplazó a Pelé– eliminaron a España en un partido emocionante. En Cuartos terminaron con Inglaterra y luego se deshicieron del local, Chile, en un Estadio Nacional repleto de gente pero vacío de alegría.

Por otro lado, Checoslovaquia acabó con la belleza yugoslava y era el segundo finalista. Brasil pagó con su misma moneda. Pese a que se decidió a salir a jugar y de que comenzó ganando, el equipo sudamericano apostó al contragolpe y aprovechó cada uno de los errores defensivos de su rival.

Los campeones de Suecia 1958 volvieron a quedarse con la Copa Rimet, después de ganarle a Checoslovaquia por 3 a 1.

Sin brillo, sin jogo bonito, pero campeones por segunda vez consecutiva.

Ficha técnica

La sede: el estadio Nacional de Santiago de Chile, que fue inaugurado en el año 1937, en Santiago, con una capacidad para 76.000 espectadores. Allí se jugó la final.

El balón: se jugó con una esfera más regular, controlable y predecible.

El campeón: Brasil (Gilmar, Mauro y Nilton Santos; Djalma Santos, Zito y Zòzimo; Garrincha, Didì, Vavá, Amarildo y Zagallo).

Estadísticas

- Espectadores: 776.000
- Cantidad de países: 16
- Partidos jugados: 32
- Empates: 5
- Goles: 89
- Promedio de goles por partido: 2,78

- Partido con más goles: URSS 4 – Colombia 4
- Máximas goleadas: Hungría 6 – Bulgaria 0
  Yugoslavia 5 – Colombia 0
- Máximos goleadores: Albert (Hungría) 4
  Ivanov (URSS) 4
  Leonel Sánchez (Chile) 4
  Garrincha (Brasil) 4
  Jerkovic (Yugoslavia) 4
  Vavá (Brasil) 4

Curiosidades y algo más

1 El técnico de España, Helenio Herrera, luego de la victoria contra los mexicanos, confiado en que le ganarían a los brasileños –porque Pelé ya había abandonado el torneo–, dispuso nueve cambios en la formación titular: solamente Puskas y Gento fueron sobrevivientes del partido anterior.
Antes del cotejo, Helenio declaró: "Sin Pelé, Brasil es débil. ¿Quién es Amarildo?".
Brasil ganó por 2 a 1, con dos tantos convertidos por Amarildo en menos de 15 minutos.

2 El entrenador brasileño Aymor Moreira ofrecía las últimas instrucciones previas a la final del Mundo, cuando Mané Garrincha interrumpió la charla técnica para realizar una pregunta: "Maestro, ¿hoy es la final?". Cuando le respondieron afirmativamente, el delantero concluyó entre risas: "Ah, con razón hay tanta gente".

3 La Unión Soviética le ganaba a Colombia por 4 a 1 después de una hora, y parecía que todo estaba liquidado. Pero los sudamericanos empataron sólo en nueve minutos. El guardameta era el gran Lev Yashin, la "Araña Negra", considerado como uno de los mejores de la historia.

Fixture

Primera Fase

Grupo 1

Uruguay-Colombia 2-1 • URSS-Yugoslavia 2-0
Yugoslavia-Uruguay 3-1 • URSS-Colombia 4-4
URSS-Uruguay 2-1 • Yugoslavia-Colombia 5-0

Grupo 2

Chile-Suiza 3-1 • Alemania Federal-Italia 0-0
Chile-Italia 2-0 • Alemania Federal-Suiza 2-1
Alemania Federal-Chile 2-0 • Italia-Suiza 3-0

Grupo 3

Brasil-México 2-0 • Checoslovaquia-España 1-0
Brasil-Checoslovaquia 0-0 • España-México 1-0
Brasil-España 2-1 • México-Checoslovaquia 3-1

Grupo 4

Argentina-Bulgaria 1-0 • Hungría-Inglaterra 2-1
Inglaterra-Argentina 3-1 • Hungría-Bulgaria 6-1
Hungría-Argentina 0-0 • Inglaterra-Bulgaria 0-0

Cuartos de Final

Brasil-Inglaterra 3-1 • Chile-URSS 2-1
Yugoslavia-Alemania Fed. 1-0 • Checoslovaquia-Hungría 1-0

Semifinales

Checoslovaquia-Yugoslavia 3-1 • Brasil-Chile 4-2

Tercer Puesto

Chile-Yugoslavia 1-0

Final

Brasil-Checoslovaquia 3-1

Inglaterra 1966 /
Un campeón obligado

Los creadores del fútbol tuvieron a su cargo la organización de una nueva edición de la Copa del Mundo, en un Mundial donde se enfrentaron la habilidad sudamericana y la fuerza física europea, y donde desde un comienzo se vivió un clima enrarecido: en el marco de la misteriosa desaparición del trofeo Jules Rimet -aunque días después fuera encontrada-, el 11 de julio los locales empataron 0 a 0 con Uruguay en el partido inaugural.

Fue una Copa con poco fútbol, se jugó cerrado, pero con muchos goles.

Ya terminada la primera fase resultaron varias las sorpresas. Los campeones brasileños se habían vuelto a casa demasiado rápido, con Pelé otra vez lesionado y dos derrotas a cuestas. Lo de Italia fue catastrófico: con la clasificación casi asegurada perdió con Corea del Norte y los asiáticos se convirtieron en la gran revelación. A la Argentina, en cambio, le salieron las cosas un poco mejor: clasificó con un empate y dos victorias y en todo el mundo se habló de su línea de cuatro: Ferreiro, Perfumo, Albrecht y Marzolini.

En los cuartos de final, el partido entre Corea del Norte y Portugal fue acaso el único sin problemas, además de todo un espectáculo: los asiáticos ganaban 3 a 0 pero el seleccionado europeo dio vuelta el resultado con cuatro goles de Eusebio y terminó venciendo 5 a 3.

Lamentablemente, luego de este partido comenzó "el show de los árbitros". Tras una inexplicable expulsión de Rattín, la Argentina perdió con Inglaterra 1 a 0, y Uruguay también fue eliminado por Alemania luego de que no le cobraran un obvio penal a favor y le expulsaran a dos jugadores.

La habilidad sudamericana, entonces, se había terminado. Algunos acusan de trampa y de complot. A los ingleses de Bobby Charlton y a los alemanes del joven y prometedor Franz Beckenbauer no les costó llegar a la definición. Luego de haber derrotado a Portugal y a la Unión Soviética respectivamente, se encontraron en el estadio de Wembley.

Todo sucedió como debía ser: con un gol germano después de los 90 minutos a partir de una falta que no existió y otro de los ingleses, ya en el alargamiento -hasta con un tiro que fue al arco y del que nunca se supo si el balón había entrado al arco-, Inglaterra ganó 4 a 2 y se llevó la copa.

Récords de los Mundiales

¿Quién es el goleador más joven de la historia? Pelé, que tenía sólo 17 años y 239 días cuando anotó contra Gales en Suecia 1958.

Ficha técnica

La sede: el estadio de Wembley, que fue inaugurado en 1923, en dicha ciudad, con una capacidad para 100 mil espectadores. Allí se jugó la final.

El balón: se realizaron tres modelos de colores amarillo, anaranjado y blanco. Presentaban gajos alargados.

El campeón: Inglaterra (Banks, Cohen, Stiles, Jackie Charlton, Wilson, Bobby Moore, Bobby Charlton, Peters, Ball, Hunt y Hurst).

Estadísticas

- Espectadores: 1.614.677
- Cantidad de países: 16
- Partidos jugados: 32
- Empates: 5
- Goles: 89
- Promedio de goles por partido: 2,78

- Partido con más goles: Portugal 5 – Corea del Norte 3
- Máxima goleada: Alemania 5 – Suiza 0
- Máximos goleadores: Haller (Portugal) 9
  Beckenbauer (Alemania) 6
  Hurst (Inglaterra) 4
  Parkoujan (URSS) 4
  Bene (Hungría) 4

Curiosidades y algo más

1 Este es el primer Mundial en que se diseña una mascota representativa.

2 En las eliminatorias previas al Mundial debieron enfrentarse entre sí Bélgica y Bulgaria para definir cuál de los dos disputaría el campeonato. Fue en terreno neutral, en Florencia, Italia. Los búlgaros obtuvieron la victoria.
Luego, se descubrió que el defensor de Bulgaria Largov había jugado bajo efecto de las drogas. Los dirigentes italianos le pidieron a la FIFA que realizaran un control antidoping a la totalidad del plantel de Bulgaria.

Pero su petición fue rechazada por el veedor, el italiano Ottorino Barassi, debido a que tal reclamo debía haberse hecho antes del partido.

3 La inventiva del jugador argentino "Toto" Lorenzo, una mezcla de picardía con ingenuidad propia de un niño, hizo que los jugadores argentinos salieran a la cancha con una numeración disparatada. Ninguno llevaba el número correspondiente a la posición que ocupaban en el campo de juego.

Aun así, con el desconcierto de todos los rivales, la selección argentina tampoco se consagró campeona del mundo.

Fixture

Primera Fase

Grupo 1

Inglaterra-Uruguay 0-0 • Francia-México 1-1 • Uruguay-Francia 2-1
Inglaterra-México 2-0 • México-Uruguay 0-0 • Inglaterra-Francia 2-0

Grupo 2

Alemania Fed.-Suiza 5-0 • Argentina-España 2-1 • España-Suiza 2-1
Alemania Fed.-Argentina 0-0 • Argentina-Suiza 2-0
Alemania Fed.-España 2-1

Grupo 3

Brasil-Bulgaria 2-0 • Portugal-Hungría 3-1 • Hungría-Brasil 3-1
Portugal-Bulgaria 3-0 • Portugal-Brasil 3-1 • Hungría-Bulgaria 3-1

Grupo 4

URSS-Corea del Norte 3-0 • Italia-Chile 2-0 • Corea del Norte-Chile 1-1
URSS-Italia 1-0 • Corea del Norte-Italia 1-0 • URSS-Chile 2-1

Cuartos de Final

Inglaterra-Argentina 1-0 • Alemania Federal-Uruguay 4-0
URSS-Hungría 2-1 • Portugal-Corea del Norte 5-3

Semifinales

Inglaterra-Portugal 2-1 • Alemania Federal-URSS 2-1

Tercer Puesto

Portugal-URSS 2-1

Final

Inglaterra-Alemania Fed. 4-2

México 1970 / Otra vez el carnaval

Con el partido disputado entre México y la Unión Soviética, el 31 de mayo se dio comienzo a la novena edición de la Copa del Mundo; con la televisión que transmitía en directo hacia todo el mundo, México 1970 se transformó en un gran espectáculo.

Fue, sin dudas, y aun sin la Argentina –que había quedado eliminada en la fase previa– el Mundial de los sudamericanos. En la primera fase fueron varios los equipos que mostraron un fútbol pobre, poco vistoso, aburrido. Lo peor fue el grupo 2, en el que a Italia, con un solo gol a favor, le alcanzó para clasificar. Pero en otras zonas sucedió lo contrario: el Brasil de Pelé, Jairzinho y Tostao; la Alemania Federal de Müller y Beckenbauer; y el fútbol claro y ofensivo de Perú, se llevaron todos los elogios.

Luego de los cuartos de final todo se convirtió en un pleito entre los más grandes. De un lado, Brasil y Uruguay; del otro, Alemania e Italia (que se había reivindicado con una goleada ante México).

Los cuatro ex campeones del mundo se midieron para llegar a la final. Brasil eliminó a un descolorido Uruguay; Alemania e Italia, en cambio, tuvieron una ardua pelea en el campo de juego. Los azzurri aprovecharon un temprano tanto de ventaja y especularon todo el partido. Pero, sobre la hora, el equipo de Beckenbauer marcó el empate y consiguió llegar al alargamiento.

Después se sucedió una seguidilla de imprecisiones que no tenían nada que ver con un partido internacional: Alemania se puso al frente 2 a 1; sin embargo, finalmente, Italia ganó el ansiado trofeo con un 4 a 3, en un encuentro más que emocionante. También lo fue la posesión definitiva de la copa Jules Rimet por parte de Brasil, que según las reglas quedaría en manos de aquel equipo que la conquistara tres veces. El primer tiempo concluyó 1 a 1. Después, los brasileños fueron imparables. El 4 a 1 final convirtió a Brasil en el nuevo campeón y Pelé levantó la copa por tercera vez. No obstante, en ese momento nadie se imaginaba que sería su último Mundial.

Ficha técnica

La sede: el estadio Azteca, que fue inaugurado en 1966, en México D.F., con una capacidad para 105 mil espectadores. Allí se jugó la final.

El balón: se utilizó el modelo Telstar de Adidas. Por primera vez es de color blanco y negro, con gajos poligonales.

El campeón: Brasil (Félix, Carlos Alberto, Brito, Piazza y Everaldo; Gerson, Clodoaldo y Rivelino; Jairzinho, Pelé y Tostao).

Estadísticas

- Espectadores: 1.673.975
- Cantidad de países: 16
- Partidos jugados: 32
- Empates: 5
- Goles: 95
- Promedio de goles por partido: 2,96

- Partido con más goles: Alemania 5 – Bulgaria 2
  Italia 4 – Alemania 3
- Máxima goleada: México 4 – El Salvador 0
- Máximos goleadores: Müller (Alemania) 10
  Jairzinho (Brasil) 7
  Cubillas (Perú) 5

Curiosidades y algo más

1 Brasil ganó su tercera Copa del Mundo, y por ello se le adjudicó definitivamente la Copa Jules Rimet.

2 Por primera vez se permite la sustitución de jugadores.

3 Se usan por primera vez las tarjetas amarillas y rojas. Sin embargo, la segunda no se empleó hasta el Mundial siguiente, puesto que esta Copa del Mundo ostenta el récord, junto a la de 1950: no hubo ninguna expulsión.

4 En este Mundial Edson Arantes do Nascimiento inventó una nueva palabra para el vocabulario futbolístico del mundo entero al crear la "paradinha". La jugada consistía en realizar una pequeña frenada (sin detenerse del todo) en la carrera que tomaba para ejecutar un penal, justo un instante antes de golpear el balón.

5 Un periódico inglés, notablemente obnubilado por el triunfo brasileño, tituló en su portada: "¿Cómo se escribe Pelé?: D - I - O - S".

6 Los ingleses tuvieron al público siempre en contra. ¿Por qué? Porque antes de arribar a dicho país dijeron que llevarían una reserva de agua para no contagiarse ninguna peste de las aguas mexicanas.

Fixture

Primera Fase

Grupo 1

URSS-México 0-0 • Bélgica-El Salvador 3-0
URSS-Bélgica 4-1 • México-El Salvador 4-0
URSS-El Salvador 2-0 • México-Bélgica 1-0

Grupo 2

Uruguay-Israel 2-0 • Italia-Suecia 1-0
Italia-Uruguay 0-0 • Suecia-Israel 1-1
Suecia-Uruguay 1-0 • Italia-Israel 0-0

Grupo 3

Inglaterra-Rumania 1-0 • Brasil-Checoslovaquia 4-1
Rumania-Checoslovaquia 2-1 • Brasil-Inglaterra 1-0
Brasil-Rumania 3-2 • Inglaterra-Checoslovaquia 1-0

Grupo 4

Perú-Bulgaria 3-2 • Alemania Fed.-Marruecos 2-1
Perú-Marruecos 3-0 • Alemania Fed.-Bulgaria 5-2
Alemania Federal-Perú 3-1 • Bulgaria-Marruecos 1-1

Cuartos de Final

Italia-México 4-1 • Uruguay-URSS 1-0
Alemania Fed.-Inglaterra 3-2 • Brasil-Perú 4-2

Semifinales

Italia-Alemania Federal 4-3 • Brasil-Uruguay 3-1

Tercer Puesto

Alemania Federal-Uruguay 1-0

Final

Brasil-Italia 4-1

Récords de los Mundiales

El 26 de junio de 1954, en Lausanne, se produjo el partido con mayor cantidad de goles en un Mundial: Austria derrotó a Suiza 7 a 5, a pesar de estar 3 a 0 los suizos adelante en el primer tiempo.

La historia en imágenes

Brasil 1950: Juan Schiaffino convierte el primero de los dos goles con que Uruguay le ganó a Brasil 2 a 1 la final del Mundial.

La lámina oficial de Uruguay 1930 (arriba a la izquierda).

Corea Japón 2002: Brasil y el festejo del pentacampeonato.

Inglaterra 1966: Yashin, el arquero de la selección de la Unión Soviética, observa impotente cómo se escapa la pelota hacia la red.

La lámina oficial de Francia 1938.

Estados Unidos 1994: tristeza y decepción. Italia acaba de perder la final con Brasil.

México 1986: Diego Maradona corre hacia la gloria, en la histórica jugada del segundo gol a los ingleses.

México 1970: Pelé festeja uno de los cuatro goles que marcó en este Mundial, el último en que participaría.

La lámina oficial de España 1982.

Inglaterra 1966: Bobby Moore recibe de manos de la Reina Isabel I el trofeo. Inglaterra acaba de consagrarse campeón.

La lámina oficial de Inglaterra 1966.

Francia 1998: el arquero francés Fabien Barthez vuela por encima de Ronaldo, en la final del Mundial.

México 1986:
Diego Maradona arenga a la multitud desde los balcones de la Casa Rosada, en el marco de los festejos por la obtención de la Copa del Mundo.

Uruguay 1930:
el abrazo emocionado de los uruguayos que acaban de ganar la primera Copa del Mundo.

La lámina oficial de Chile 1962.

La lámina oficial de Brasil 1950.

Suiza 1954: Alemania se enfrenta con Hungría en la final. El equipo germano se coronaría, finalmente, ganando 3 a 2.

España 1982: Paolo Rossi, todo un símbolo de la *squadra azzurra*, alza victorioso la Copa del Mundo.

Suecia 1958: Pelé juega su primer campeonato mundial. El mundo ve nacer a un rey.

Argentina 1978: el equipo que lograría, para la Argentina, la primera Copa del Mundo.

Italia 1990: el delantero de Camerún, el equipo revelación del Mundial, le disputa la pelota a un inglés.

Alemania 1974 / La naranja mecánica vs. el Kaiser

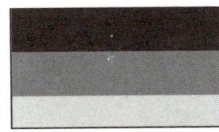

En este Mundial se puso en disputa un nuevo trofeo, ya que Brasil se había quedado con la Copa Rimet. Entre las dieciséis selecciones que competían, los campeones olímpicos de Polonia y el fútbol total de Holanda eran dos candidatos inesperados. Inglaterra, en cambio, el gran ausente.

La Argentina no pudo con Polonia en la primera fase, pero luego se dio el lujo de eliminar a Italia por diferencia de gol, tras golear al seleccionado de Haití por 4 a 1. Sin embargo, en los cuartos de final la *Naranja Mecánica* de Johan Cruyff fue mucho para los sudamericanos: 4 a 0, y el principio del fin. Después de perder con Brasil y tras empatar con Alemania Oriental, los argentinos quedaron afuera.

Entre tanto, en el otro grupo de la segunda rueda se jugaba lo mejor. Suecia, luego de empatar ante Holanda, que era la gran revelación, no pudo con los locales, aunque salvó el honor en un partido que tuvo tres goles en tres minutos y se jugó bajo una impresionante lluvia.

Alemania Federal tampoco la tuvo fácil con los polacos comandados por Lato y apenas alcanzó la mínima diferencia, después de que el guardameta Tomasewsky les atajara un penal. De igual manera, los alemanes fueron finalistas.

Otra vez se enfrentaron dos favoritos en la final: Holanda –una máquina de hacer goles– versus Alemania. Los locales empezaron perdiendo por un gol de penal. Pero nuevamente dieron vuelta el resultado con un tanto de Breitner y otro de Müller, que tuvo su broche de oro personal: convirtió su tanto número 14 en la historia de los Mundiales y eso lo transformó en el máximo goleador de la historia hasta el momento.

Luego de veinte años, Alemania fue una vez más el mejor de la Copa del Mundo. Un nuevo rey, el Kaiser Beckenbauer, levantó la flamante Copa FIFA.

Ficha técnica

La sede: el Estadio Olímpico, que fue inaugurado en 1972, en Munich, con una capacidad para 69.267 espectadores. Allí se jugó la final.

El balón: se utilizó otra vez el modelo Telstar, que combinó hexágonos blancos y pentágonos negros.

El campeón: Alemania Federal (Maier, Vogts, Schwarzenbeck, Beckenbauer y Breitner; Hoeness, Bonhof y Overath; Grabowski, Gerd Muller y Holzenbein).

Estadísticas

- Espectadores: 1.774.022
- Cantidad de países: 16
- Partidos jugados: 38
- Empates: 10
- Goles: 97
- Promedio de goles por partido: 2,55

- Partido con más goles: Yugoslavia 9 – Zaire 0
- Máxima goleada: Yugoslavia 9 – Zaire 0
- Máximos goleadores: Lato (Polonia) 7
  Szarmach (Polonia) 5
  Neeskens (Holanda) 5

Curiosidades y algo más

1 Esta edición de la Copa del Mundo será recordada por ser la de mayor cantidad de amonestaciones: 79 tarjetas amarillas y 5 rojas. Además, fue la primera en televisarse a color.

2 En este Mundial se produjo el primer caso de doping en la historia. Se trató del haitiano Ernest Jean Joseph, que consumió una sustancia prohibida, efedrina, pero como no había una legislación antidoping sólo se lo expulsó del torneo y no se lo sancionó deportivamente.
El 21 de junio, dos días después de su primer y último partido en un mundial, contra Polonia, fue echado por la fuerza y en secreto de la concentración por parte de la guardia pretoriana del dictador haitiano Jean Claude Duvalier, quienes lo acompañaron hasta Haití.
Una vez en su tierra natal, fue conducido al palacio gubernamental, donde lo reprimiría personalmente su presidente para luego trasladarlo a un campo de detención clandestina, donde fue salvajemente torturado. Dos años más tarde recuperó su libertad.

3 Escocia estuvo a punto de clasificar para la segunda fase, cosa que hasta ahora no ha ocurrido: una victoria y dos empates en los partidos de su grupo no fueron suficientes y quedaron eliminados temprano. Encima, se convirtió en el único equipo invicto de esa edición.

Fixture

Primera Fase

Grupo 1

Alemania Fed.-Chile 1-0 • Alemania Or.-Australia 2-0
Alemania Fed.-Australia 3-0 • Alemania Or.-Chile 1-1
Alemania Or.-Alem. Fed. 1-0 • Chile-Australia 0-0

Grupo 2

Brasil-Yugoslavia 0-0 • Escocia-Zaire 2-0
Brasil-Escocia 0-0 • Yugoslavia-Zaire 9-0
Brasil-Zaire 3-0 • Yugoslavia-Escocia 1-1

Grupo 3

Holanda-Uruguay 2-0 • Suecia-Bulgaria 0-0
Holanda-Suecia 0-0 • Uruguay-Bulgaria 1-1
Holanda-Bulgaria 4-1 • Suecia-Uruguay 3-0

Grupo 4

Polonia-Argentina 3-2 • Italia-Haití 3-1
Polonia-Haití 7-0 • Argentina-Italia 1-1
Polonia-Italia 2-1 • Argentina-Haití 4-1

Segunda Fase

Grupo A

Brasil-Alemania Or. 1-0 • Holanda-Argentina 4-0
Holanda-Alemania Or. 2-0 • Brasil-Argentina 2-1
Holanda-Brasil 2-0 • Argentina-Alemania Or. 1-1

Grupo B

Alemania Fed.-Yugoslavia 2-0 • Polonia-Suecia 1-0
Polonia-Yugoslavia 2-1 • Alemania Federal-Suecia 4-2
Alemania Federal-Polonia 1-0 • Suecia-Yugoslavia 2-1

Tercer Puesto
Polonia-Brasil 1-0

Final
Alemania Federal-Holanda 2-1

Argentina 1978 / Argentina entra en la historia

La tercera es la vencida. Luego de pelear dos veces –primero en 1938 y luego en 1970–, la Argentina logró ser sede del Mundial. Fueron cuarenta años de espera, pero el 1º de junio comenzó a jugarse el torneo.

En la primera fase, la selección albiceleste dirigida por César Menotti soportó una derrota inesperada contra Italia, que a partir de allí se convirtió en uno de los favoritos. Aquel 1 a 0 en contra relegó a los locales a un segundo puesto que cambió su destino para la ronda semifinal. Luego debieron jugar su suerte en la misma zona que Brasil. Pero ese partido resultó ser un espectáculo pobre que terminó 0 a 0. Después, el equipo de Nelinho y Zico se decidió y goleó: tras un 3 a 0 contra Perú dejó a la Argentina frente a una difícil cuestión de números. Para clasificar contra los peruanos necesitaban ganar por cuatro goles de diferencia.

Con un primer tiempo poco sencillo por los dos contragolpes de Perú que casi terminan en gol, la Argentina se fue al descanso con dos tantos a favor, y más tarde, Kempes "arrimó" un poco más. Hasta que un centro cruzó el área peruana, Luque se tiró de palomita y la Argentina lo logró. Dos goles más le asegurarían definitivamente su lugar en la final.

Por segunda vez en un Mundial los albicelestes se jugaban la posibilidad del título. Enfrente tenían a un equipo en iguales condiciones: Holanda no era el mismo de 1974, pero para llegar a esa instancia había eliminado a Italia y a Alemania.

En la final, ante un Monumental repleto, a los 38 minutos fue Kempes quien convirtió primero. Sin embargo, en la segunda etapa Holanda creció y a sólo 9 minutos del final, Naninga –que recién había ingresado– se elevó en el área y fusiló a Fillol con un cabezazo.

Y eso no fue todo... minutos después, el estadio quedó paralizado cuando el holandés Rensenbrink estrelló un tiro en el palo. En el alargamiento llegó otro tanto de Kempes. Y después otro golazo espectacular de Bertoni. Entonces, veinticinco millones de argentinos festejaron en las calles de todo el país. La Argentina era campeona mundial por primera vez en su historia.

Récords de los Mundiales

Oleg Salenko, de Rusia, fue el único jugador que convirtió 5 goles en un mismo partido, y en menos de 60 minutos.

Ficha técnica

La sede: el estadio Monumental, que fue inaugurado en 1939, en Buenos Aires, con una capacidad para 80 mil espectadores. Allí se jugó la final.

El balón: se utilizó el modelo Tango, con dibujos más dinámicos que le otorgan una sensación de continuidad a través de sus gajos.

El campeón: Argentina (Fillol, Olguín, Galván, Passarella y Tarantini; Ardiles, Gallego, Ortíz; Bertoni, Luque y Kempes).

Estadísticas

- Espectadores: 1.610.215
- Cantidad de países: 16
- Partidos jugados: 38
- Empates: 9
- Goles: 102
- Promedio de goles por partido: 2,68

- Partido con más goles: Alemania 6 – México 0
  Argentina 6 – Perú 0
  Holanda 5 – Austria 1
- Máxima goleada: Alemania 6 – México 0
  Argentina 6 – Perú 0
- Máximos goleadores: Kempes (Argentina) 6
  Cubillas (Perú) 5
  Rensenbrink (Holanda) 5
- Premio Fair Play de la FIFA: Argentina

Curiosidades y algo más

1 El holandés Robert Rensenbrink convierte el gol número mil de los mundiales, de penal, en el encuentro en que su selección le ganó a Escocia por 3 a 2.

2 Luego de no poder superar la primera ronda y de que uno de sus dirigidos fuera encontrado positivo en el control antidoping, el entrenador de Escocia, Ally Mac Leod, no tuvo más remedio que enfrentar a la conferencia de prensa. Luego de la tercera respuesta, un perro callejero ingresó ante la absorta mirada de los presentes y decidió ubicarse al lado del compungido director técnico, que al mirarlo, declaró: "...mírenme ahora, sin un solo amigo en este mundo, solo con este perro...". Al terminar esa frase, el animal se incorporó, mordió al escocés y se retiró.

3 A la final de la Copa del Mundo accedieron Holanda y los dueños de casa, pero el comienzo del partido se demoró unos minutos debido a que René Van de Kerkhof se dispuso a jugar el partido con un yeso en su mano derecha y al percatarse, el capitán argentino, Daniel Alberto Passarella, instó a que se lo quitaran porque estaba expresamente prohibido por los reglamentos de la FIFA.
¿Cómo terminó la historia? El holandés se colocó una venda color carne sobre el yeso blanco y de esta forma disputó la final del mundo.

4 Hasta el Mundial 78 se dio la particularidad de que en las finales, el que convertía el primer gol, al término de los 90 minutos, perdía el partido. La Argentina rompió con ese maleficio.

5 Insólito es poco. Fue en el partido Francia-Kuwait. Con túnica y turbante, el jeque Fahid Al Ahmad Al Sabah abandonó el palco y entró al campo de juego de repente. El presidente de la Federación de Fútbol Kuwaití exigía la anulación de un gol francés. Y lo peor es que, después de interrumpir el encuentro durante varios minutos, consiguió lo que quería.

¿Sabía que...?

Los argentinos Luis Monti (1930 y 1934), Diego Maradona, Oscar Ruggeri, Jorge Burruchaga y Sergio Batista (1986 y 1990) compitieron en dos oportunidades diferentes en un partido final.

Récords de los Mundiales

En Corea-Japón 2002 se registró el gol más rápido de la historia de los Mundiales; fue Hakan Sukur, de Turquía, en el partido por el tercer puesto contra Corea. Sólo se habían disputado 11 segundos de juego. Anteriormente, el récord correspondía al checo Vaclav Masek, que había convertido a los 15 segundos contra México en Chile 1962.

Fixture

Primera Fase

Grupo 1

Italia-Francia 2-1 • Argentina-Hungría 2-1
Italia-Hungría 3-1 • Argentina-Francia 2-1
Italia-Argentina 1-0 • Francia-Hungría 3-1

Grupo 2

Alemania Fed.-Polonia 0-0 • Túnez-México 3-1
Polonia-Túnez 1-0 • Alemania Fed.-México 6-0
Túnez-Alemania Fed. 0-0 • Polonia-México 3-1

Grupo 3

Brasil-Suecia 1-1 • Austria-España 2-1
Austria-Suecia 1-0 • Brasil-España 0-0
Brasil-Austria 1-0 • España-Suecia 1-0

Grupo 4

Holanda-Irán 3-0 • Perú-Escocia 3-1
Holanda-Perú 0-0 • Escocia-Irán 1-1
Escocia-Holanda 3-2 • Perú-Irán 4-1

Segunda Fase

Grupo A

Italia-Alemania Fed. 0-0 • Holanda-Austria 5-1
Alemania Fed.-Holanda 2-2 • Italia-Austria 1-0
Holanda-Italia 2-1 • Austria-Alemania Fed. 3-2

Grupo B

Brasil-Perú 3-0 • Argentina-Polonia 2-0
Polonia-Perú 1-0 • Argentina-Brasil 0-0
Brasil-Polonia 3-1 • Argentina-Perú 6-0

Tercer Puesto
Brasil-Italia 2-1

Final
Argentina-Holanda 3-1

España 1982 / Italia, al grito de Paolo

El 13 de julio de 1982 se inauguró una nueva edición de la Copa del Mundo con la participación de veinticuatro países. La Argentina –último campeón– perdió 1 a 0 con Bélgica, pero en su segunda presentación se reivindicó y le ganó 4 a 1 a Hungría con dos goles de Diego Maradona. Un nuevo triunfo frente a El Salvador, finalmente, le dio la clasificación.

La primera parte dejó algo de Brasil y de Inglaterra. Los equipos africanos habían dado sorpresas. Por un lado, Argelia venció a Alemania Federal y esto haría luego tambalear la clasificación de los germanos. Por el otro, Camerún complicó a todos y se retiró invicto. Además, Italia, bastante pobre, pasó a la segunda ronda sin ganar, y España, que había organizado todo a lo grande, perdió inesperadamente con Irlanda del Norte y en la ronda siguiente se quedó afuera en medio de las críticas de todo el país.

Después hubo mucho de especulación: la zona de Italia, la Argentina y Brasil fue la única excepción. Los campeones perdieron primero con Italia; luego, ante un Brasil que fue el favorito hasta que se cruzó con los italianos, que contaban con el gran Paolo Rossi. En ese partido, el volante azzurro hizo todo: sus tres goles dejaron afuera al gran candidato.

A Francia tampoco le fue mejor: en el primer partido de la historia de la Copa del Mundo que se definió por penales, perdió con Alemania Federal la semifinal. El equipo de Platiní, Giresse, Amoros y Tiganá se puso en ventaja 3 a 1 en el alargamiento, pero con el refuerzo de un Rummenigge lesionado, los germanos se las arreglaron para empatar. Y los franceses parecieron volver a tenerlo en los penales, pero finalmente perdieron.

Al mismo tiempo, una Italia consolidada vencía sin problemas a Polonia.

La final fue entre italianos y alemanes, muy discreta. A los germanos se les notó la ausencia de Rummenigge, y al equipo de Paolo Rossi no le costó demasiado lograr el 3 a 1 que lo consagró. De todas formas, el resultado no fue injusto: Italia había dejado en el camino a tres campeones del mundo.

Ficha técnica

La sede: el estadio Bernabeu, que fue inaugurado en 1947, en Madrid, con una capacidad para 90 mil espectadores. Allí se jugó la final.

El balón: el Tango tenía el mismo diseño del mundial anterior, sólo cambió su material: era de cuero y poliuretano, para mayor impermeabilidad.

El campeón: Italia (Zoff, Gentile, Collovati, Scirea y Cabrini; Oriali, Tardelli y Bergomi; Conti, Rossi y Graziani).

Estadísticas

- Espectadores: 1.726.277
- Cantidad de países: 24
- Partidos jugados: 52
- Empates: 17
- Definición por penales: 1
- Goles: 146

- Promedio de goles por partido: 2,55
- Partido con más goles: Hungría 10 – El Salvador 1
- Máxima goleada: Hungría 10 – El Salvador 1
- Máximos goleadores: Rossi (Italia) 6
  Rummenigge (Alemania) 5
  Zico (Brasil) 4
  Boniek (Polonia) 4
- Premio Fair Play de la FIFA: Brasil

Curiosidades y algo más

1 El encargado de realizar el afiche de la Copa del Mundo de España 82 fue el magnífico artista plástico Joan Miró.

2 A pesar de la victoria italiana en la final, uno de sus jugadores quedó en la historia de los Mundiales por un hecho ingrato: fue el primer futbolista en malograr un tiro penal en una final. Se trataba de Cabrini. Esto sucedió a los veintidós minutos del primer tiempo, cuando el partido estaba todavía sin goles.

3 Ningún partido en la historia de los Mundiales fue más espantoso que Alemania-Austria. Debido a la forma en que se desarrollaba la competencia, con que Alemania ganara sólo 1 a 0 bastaba para clasificar a ambos y afuera, entonces, quedaría Argelia. Cuando los germanos abrieron el marcador convirtiendo el primer gol, no pasó nada más. Redujeron la velocidad y no se interesaron en atacar. Al día siguiente, Argelia protestó ante la FIFA para que inhabilitara a ambas selecciones, pero su protesta fue rechazada. A partir de 1986, los dos últimos partidos de cada grupo son jugados a la misma hora para evitar problemas.

Fixture

Primera Fase
Grupo 1
Italia-Polonia 0-0 • Perú-Camerún 0-0 • Italia-Perú 1-1
Polonia-Camerún 0-0 • Polonia-Perú 5-1 • Italia-Camerún 1-1

Grupo 2
Alemania Fed.-Polonia 0-0 • Túnez-México 3-1 • Polonia-Túnez 1-0
Alemania Fed.-México 6-0 • Túnez-Alemania Fed. 0-0 • Polonia-México 3-1

Grupo 3
Bélgica-Argentina 1-0 • Hungría-El Salvador 10-1 • Argentina-Hungría 4-1
Bélgica-El Salvador 1-0 • Bélgica-Hungría 1-1 • Argentina-El Salvador 2-0

Grupo 4
Inglaterra-Francia 3-1 • Checoslovaquia-Kuwait 1-1 • Inglaterra-Checoslovaquia 2-0
Francia-Kuwait 4-1 • Francia-Checoslovaquia 1-1 • Inglaterra-Kuwait 1-0

Grupo 5
España-Honduras 1-1 • Yugoslavia-Irlanda N. 0-0 • España-Yugoslavia 2-1
Irlanda N.-Honduras 1-1 • Yugoslavia-Honduras 1-0 • Irlanda N.-España 1-0

Grupo 6
Brasil-URSS 2-1 • Escocia-Nueva Zelandia 5-2 • Brasil-Escocia 4-1
URSS-Nueva Zelandia 3-0 • URSS-Escocia 2-2 • Brasil-Nueva Zelandia 4-0

Segunda Fase
Grupo A
Polonia-Bélgica 3-0 • URSS-Bélgica 1-0 • Polonia-URSS 0-0

Grupo B
Alemania Fed.-Inglaterra 0-0 • Alemania Fed.-España 2-1 • España-Inglaterra 0-0

Grupo C
Brasil-Argentina 3-1 • Italia-Argentina 2-1 • Italia-Brasil 3-2

Grupo D
Francia-Austria 1-0 • Austria-Irlanda Norte 2-2 • Francia-Irlanda Norte 4-1

Semifinales
Alemania Fed.-Francia 3-3 (pen. 8-7) • Italia-Polonia 2-0

Tercer Puesto
Polonia-Francia 3-2

Final
Italia-Alemania Fed. 3-1

México 1986 / Aparece otro genio...

México se convirtió por segunda vez en el anfitrión de las mejores selecciones del mundo. Para esta edición de la Copa, Francia y Brasil llegaron como grandes candidatos; mientras que la Argentina no llamaba la atención.

En la primera fase, la Argentina e Italia igualaron. Pero los sudamericanos no tuvieron inconvenientes para clasificar. Por otro lado, Marruecos quería convertirse en la revelación: ganó su zona y relegó a Inglaterra. En tanto, mientras Dinamarca y la Unión Soviética se convirtieron en lo mejor, Alemania y los italianos dejaban mucho que desear.

En los octavos de final, daneses y soviéticos fueron inesperadamente eliminados. Francia y Brasil quedaron como los únicos candidatos. Pero en los cuartos se enfrentaron en un partido que para la opinión pública era una final. De hecho, fue uno de los partidos más importantes de la historia de los Mundiales. Por el otro lado, tres de los cuatro partidos de esta etapa se definieron por penales, incluido éste, que fue para los europeos.

Al mismo tiempo, la Argentina, que le había ganado a Uruguay, seguía avanzando. Derrotó luego a Inglaterra en el partido -por varios motivos- más comentado del Mundial. Fueron dos tantos de Maradona: el primero con la mano y el segundo llevándose por delante a medio equipo inglés en el gol más espectacular de la historia de la Copa del Mundo. De nada sirvió el descuento de Inglaterra ya cerca del final. Con la conducción de un jugador incomparable, los albicelestes se acercaban a la final.

Para la Argentina, la semifinal frente a Bélgica fue fácil gracias a otros dos goles de Maradona. En tanto Alemania, que a duras penas había vencido a Marruecos en octavos y luego había tenido que ir a penales contra México, en semifinales terminó impecablemente con el sueño francés.

En la final contra los alemanes, la Argentina empezó ganando 2 a 0 con tranquilidad. Pero los germanos no serían tan fáciles y sobre el final del partido lograron empatar. Todos esperaban el alargue cuando otra vez apareció Maradona, uno de los más grandes futbolistas que dio el fútbol mundial: tomó el balón en la mitad de la cancha, entre tres adversarios y con un pase en profundidad habilitó a Burruchaga, que se fue solo hacia el arco, camino al gol. La Argentina era el nuevo campeón del mundo y el fútbol ya tenía otro Rey: Diego Armando Maradona.

Récords de los Mundiales

Durante Corea Japón 2002 los arbitrajes dejaron mucho que desear y despertaron demasiadas suspicacias. El referí español López Nieto batió el récord en mostrar tarjetas en un partido por la Copa del Mundo: 12 amarillas y 2 rojas en el encuentro entre Alemania y Camerún.

Ficha técnica

La sede: el estadio Azteca, que fue inaugurado en 1966, en el Distrito Federal, con una capacidad para 105.000 espectadores. Allí se jugó la final.

El balón: se usó el Azteca, primer balón sintético cien por cien. A los triángulos negros se le agregaron caracteres que representaban a la civilización azteca.

El campeón: Argentina (Pumpido, Cuciuffo, Brown, Ruggeri y Olarticoechea; Giusti, Batista, Enrique y Burruchaga; Valdano y Maradona).

Estadísticas

- Espectadores: 2.401.480
- Cantidad de países: 24
- Partidos jugados: 52
- Empates: 15
- Definición por penales: 2
- Goles: 132

- Promedio de goles por partido: 2,54
- Partido con más goles: URSS 6 – Polonia 6
- Máxima goleada: Dinamarca 6 – Uruguay 1
- Máximos goleadores: Lineker (Inglaterra) 6
  Maradona (Argentina) 5
  Careca (Brasil) 5
  Butragueño (España) 5
- Premio Fair Play de la FIFA: Brasil
- Balón de Oro: Diego Maradona (Argentina)

Curiosidades y algo más

1 México fue el primer país que organizó por segunda vez una Copa del Mundo.

2 Las 11 de la mañana fue la hora tope fijada por la diócesis de Monterrey para los oficios religiosos. No querían que los fieles se perdieran ningún partido.

3 Luego del partido disputado entre la Argentina e Inglaterra, todos los micrófonos apuntaban a alguien que ya se había convertido en la figura del Mundial: Diego Armando Maradona. Consultado por su primer gol, al que los ingleses acusaban de haberlo convertido con la mano, el 10 se paró en seco y respondió: "¿Si fue con la mano? No, fue con la mano de Dios".

Fixture

Primera Fase

Grupo A
Italia-Bulgaria 1-1 • Argentina-Corea del Sur 3-1 • Italia-Argentina 1-1
Corea del Sur-Bulgaria 1-1 • Argentina-Bulgaria 2-0 • Italia-Corea del Sur 3-2

Grupo B
México-Bélgica 2-1 • Paraguay-Irak 1-0 • México-Paraguay 1-1
Bélgica-Irak 2-1 • Bélgica-Paraguay 2-2 • México-Irak 1-0

Grupo C
Francia-Canadá 1-0 • URSS-Hungría 6-0 • Francia-URSS 1-1
Hungría-Canadá 2-0 • Francia-Hungría 3-0 • URSS-Canadá 2-0

Grupo D
Brasil-España 1-0 • Irlanda Norte-Argelia 1-1 • Brasil-Argelia 1-0
España-Irlanda Norte 2-1 • Brasil-Irlanda Norte 3-0 • España-Argelia 3-0

Grupo E
Alemania Fed.-Uruguay 1-1 • Dinamarca-Escocia 1-0 • Alemania Fed.-Escocia 2-1
Dinamarca-Uruguay 6-1 • Dinamarca-Alemania Fed. 2-0 • Escocia-Uruguay 0-0

Grupo F
Polonia-Marruecos 0-0 • Portugal-Inglaterra 1-0 • Inglaterra-Marruecos 0-0
Polonia-Portugal 1-0 • Inglaterra-Polonia 3-0 • Marruecos-Portugal 3-1

Octavos de Final
México-Bulgaria 2-0 • Bélgica-URSS 4-3 • Brasil-Polonia 4-0
Argentina-Uruguay 1-0 • Francia-Italia 2-0 • Alemania Fed.-Marruecos 1-0
Inglaterra-Paraguay 3-0 • España-Dinamarca 5-1

Cuartos de Final
Argentina-Inglaterra 2-1 • Bélgica-España 1-1 (pen. 5-4)
Francia-Brasil 1-1 (pen. 4-3) • Alemania Fed.-México 0-0 (pen. 4-1)

Semifinales
Alemania Fed.-Francia 2-0 • Argentina-Bélgica 2-0

Tercer Puesto
Francia-Bélgica 4-2

Final
Argentina-Alemania Fed. 3-2

Italia 1990 / La máquina alemana

En este Mundial, excepto Hungría, todos los campeones y subcampeones estuvieron presentes. Por ello, el torneo prometía mucho. Pero en el partido de inauguración la derrota de los argentinos frente a un desconocido Camerún por 1 a 0 fue un aviso de lo que vendría.

Luego de ganarle a la Unión Soviética y de empatar con Rumania, los últimos campeones del mundo apenas pudieron clasificar como mejor tercero de su grupo. Algo parecido ocurrió con Holanda y con Uruguay, que decepcionaron. Solamente Alemania pareció salirse de la regla goleando a Yugoslavia y a los Emiratos Árabes Unidos. Brasil, por su parte, ganó sus primeros tres partidos de la primera ronda pero sin lucir demasiado. Días después, en los octavos de final, se encontraron con la Argentina. Y pese a que los tricampeones dominaron casi todo el partido, sobre la hora apareció otra vez el genio: Maradona. Entonces, igual que en la final de México 1986, se sacó a tres hombres de encima en la mitad de la cancha y habilitó a Caniggia, que quedó solo, camino hacia el gol.

Sin ser tenida en cuenta como candidata por lo mostrado hasta el momento, la Argentina pasó a cuartos de final. Antes de esa instancia, Holanda había perdido con Alemania Federal, y el Camerún de Milla, aplaudido y disfrutado por todos, se llevó por delante a Colombia.

Las semifinales enfrentaron, por un lado, al dueño de casa contra la Argentina. Y allí empezó el show de un guardameta casi desconocido por el mundo del fútbol mundial, que llegó al Mundial como suplente y sin pretensiones, por la lesión de Nery Pumpido. Sergio Goycochea se había empezado a transformar en una pieza fundamental para su seleccionado. Primero contra Yugoslavia, en cuartos de final, y después frente a los locales en semifinales. Los dos partidos terminaron empatados y se definieron por penales: "El Goyco" atajó dos en cada uno y se convirtió en el nuevo héroe.

En otras de las semifinales, sin lucir, Alemania eliminó a Inglaterra, también por penales, y otra vez fue finalista de un Mundial.

Entonces se repitió la misma final que en México 1986, con un Maradona lesionado, y una Alemania Federal con Franz Beckenbauer, buscando su revancha.

Pero esta vez ni la magia de Goycochea salvó a la Argentina. A sólo quince minutos del final, el árbitro mexicano Codesal marcó un penal a favor de los germanos, y Brehme, con un remate que el guardameta ni rozó, le dio la Copa del Mundo a los alemanes.

Ficha técnica

La sede: el estadio Olímpico, que fue inaugurado en 1930, en Roma, con una capacidad para 75.000 espectadores. Allí se jugó la final.

El balón: se utiliza el modelo Etrusco, completamente sintético. Los triángulos contienen el dibujo de un león etrusco.

El campeón: Alemania (Illgner, Berthold, Kohler y Augenthaler; Brehme, Buchwald, Hassler y Matthaus; Littbarski, Klinsmann y Voeller).

Estadísticas

- Espectadores: 2.510.686
- Cantidad de países: 24
- Partidos jugados: 52
- Empates: 12
- Definición por penales: 4
- Goles: 115
    - Promedio de goles por partido: 2,21
    - Partido con más goles: Checoslovaquia 5 – EE.UU. 1
    Alemania 5 - Emiratos Árabes 1
    - Máxima goleada: URSS 4 – Camerún 0
    - Máximos goleadores: Schillaci (Italia) 6
    Skuharavy (Checoslovaquia) 5
    Michel (España) 4
    Milla (Camerún) 4
    Matthaus (Alemania) 4
    Lineker (Inglaterra) 4
- Premio Fair Play de la FIFA: Inglaterra
- Balón de Oro: Salvatore Schillaci (Italia)

Curiosidades y algo más

1 Los árbitros siempre añaden minutos complementarios cuando se cumplen los 90 reglamentarios, pero el francés Michel Vautrot agregó 8 minutos al primer período del alargue en la semifinal entre Italia y la Argentina. Luego admitió que se había olvidado de mirar el reloj.

2 El jugador colombiano Andrés Escobar fue asesinado en su país, poco después de regresar del Mundial, por haber anotado un gol en contra frente a los Estados Unidos. .

Fixture

Primera Fase

Grupo A
Italia-Austria 1-0 • Checoslovaquia-EE.UU. 5-1 • Italia-EE.UU. 1-0
Checoslovaquia-Austria 1-0 • Italia-Checoslovaquia 2-0 • Austria-EE.UU. 2-1

Grupo B
Camerún-Argentina 1-0 • Rumania-URSS 2-0 • Argentina-URSS 2-0
Camerún-Rumania 2-1 • URSS-Camerún 4-0 • Argentina-Rumania 1-1

Grupo C
Brasil-Suecia 2-1 • Costa Rica-Escocia 1-0 • Brasil-Costa Rica 1-0
Escocia-Suecia 2-1 • Brasil-Escocia 1-0 • Costa Rica-Suecia 2-1

Grupo D
Colombia-Emiratos Árabes 2-0 • Alemania Fed.-Yugoslavia 4-1 • Yugoslavia-Colombia 1-0
Alemania Fed.-Emi.Árabes 5-1 • Yugoslavia-Emi. Árabes 4-1 • Alemania Fed.-Colombia 1-1

Grupo E
Bélgica-Corea del Sur 2-0 • Uruguay-España 0-0 • Bélgica-Uruguay 3-1
España-Corea del Sur 3-1 • España-Bélgica 2-1 • Uruguay-Corea del Sur 1-0

Grupo F
Inglaterra-Irlanda 1-1 • Holanda-Egipto 1-1 • Inglaterra-Holanda 0-0
Irlanda-Egipto 0-0 • Inglaterra-Egipto 1-0 • Holanda-Irlanda 1-1

Octavos de Final
Camerún-Colombia 2-1 • Checoslovaquia-Cos. Rica 4-1 • Argentina-Brasil 1-0
Alemania Fed.-Holanda 2-1 • Irlanda-Rumania 0-0 • Italia-Uruguay 2-0 (pen. 5-4)
Yugoslavia-España 2-1 • Inglaterra-Bélgica 1-0

Cuartos de Final
Argentina-Yugoslavia 0-0 • Italia-Irlanda 1-0 (pen. 3-2)
Alemania-Checoslovaquia 1-0 • Inglaterra-Camerún 3-2

Semifinales
Argentina-Italia 1-1 (pen. 4-3) • Alemania Fed.-Inglaterra 1-1 (pen. 4-3)

Tercer Puesto
Italia-Inglaterra 2-1

Final
Alemania Fed.-Argentina 1-0

Estados Unidos 1994 / Brasil tetracampeón

Por primera vez un Mundial se jugó en un país sin tradición futbolera. Fue la edición número 15, que se disputó en los Estados Unidos. De todos modos, el público norteamericano, al menos por un mes, se hizo fanático de este deporte.

Uno de los finalistas de Italia 1990, la Argentina, había clasificado angustiosamente al Mundial luego de ganarle por 1 a 0 en el repechaje al débil equipo australiano. Ya en el primer partido de esta Copa del Mundo, el seleccionado argentino logró una espectacular victoria ante el poco experimentado equipo griego por 4 a 0. Luego derrotó a Nigeria por 2 a 1 con una excelente tarea de Maradona y Caniggia. Pero ocurrió algo fuera del campo de juego: al "Diez" le encontraron una sustancia extraña en el doping realizado luego del partido: efedrina, y esto significó un durísimo golpe para la selección argentina, que en octavos de final quedó eliminada tras perder con Rumania.

Azotados por el calor como principal enemigo, Bulgaria y Suecia fueron de lo mejorcito en cuanto a nivel futbolístico. Y se situaron entre los primeros cuatro puestos.

Brasil –que tuvo durante la Copa dos figuras claves como Bebeto y Romario– e Italia, se enfrentaron en la final el 17 de Julio en Los Ángeles.

Esta fue la primera vez que un Mundial se definió por penales, tras un aburrido empate sin goles. Todo se resolvió cuando Roberto Baggio, de importante trascendencia para el equipo azul, lanzó su remate fuera del arco y le dio la oportunidad a Brasil de ganar el tan ansiado tetracampeonato después de 24 años de lucha.

Ficha técnica

La sede: el estadio Rose Bowl, que se inauguró en 1910, en Los Ángeles, con una capacidad para 103.812 espectadores. Allí se jugo la final.

El balón: se utilizó el modelo Questra, compuesto por poliuretano compacto en el exterior, mallas de estabilidad y de fibras trenzadas, y espuma de polietileno.

El campeón: Brasil (Taffarel, Jorginho, Aldair, Marcio Santos y Branco; Dunga, Mauro Silva, Mazinho y Zinho; Bebeto y Romario).

Estadísticas

- Espectadores: 3.567.415
- Cantidad de países: 24
- Partidos jugados: 52
- Empates: 11
- Definición por penales: 3
- Goles: 141

- Promedio de goles por partido: 2,71
- Partido con más goles: Rusia 6 – Camerún 1
- Máxima goleada: Rusia 6 – Camerún 1
- Máximos goleadores: Stoichkov (Bulgaria) 6
  Salenko (Rusia) 6
  Baggio (Italia) 5
  Anderson (Suiza) 5
  Romario (Brasil) 5
  Klinsmann (Alemania) 5
- Premio Fair Play de la FIFA: Brasil
- Balón de Oro: Diego Maradona (Argentina)
- Balón de Oro: Romario (Brasil)
- Premio FIFA para el equipo más atractivo: Brasil
- Premio Yashin para el Mejor Arquero: Michel Preud´Homme

Curiosidades y algo más

1 En el partido de octavos de final disputado entre México y Bulgaria ocurrió algo insólito: se cambió un arco a los 20 minutos del partido. Todo comenzó cuando el defensor mexicano Bernal, al querer evitar un gol sobre la línea, cayó dentro del arco y se enredó. Así, uno de los parantes que sostenía la red se quebró. Mientras los mexicanos trataban de arreglar el problema colgando la red de una cámara de TV, cuatro operarios ingresaron al campo de juego con un arco de repuesto. Estos demostraron una gran eficacia puesto que colocaron el nuevo arco en menos de cinco minutos y el encuentro continuó con normalidad.

2 El danés Ebbe Sand marcó en este mundial un récord. Suplantó a Peter Moller a los 15 minutos de juego, y a los 16 segundos de haber ingresado, al tocar su primera pelota, anotó un gol.

Fixture

Primera Fase

Grupo A
Rumania-Colombia 3-1 • EE.UU.-Suiza 1-1 • EE.UU.-Colombia 2-1
Suiza-Rumania 4-1 • Rumania-EE.UU. 1-0 • Colombia-Suiza 2-0

Grupo B
Camerún-Suecia 2-2 • Brasil-Rusia 2-0 • Brasil-Camerún 3-0
Suecia-Rusia 3-1 • Rusia-Camerún 6-1 • Brasil-Suecia 1-1

Grupo C
Alemania-Bolivia 1-0 • España-Corea del Sur 2-2 • Alemania-España 1-1
Corea del Sur-Bolivia 0-0 • España-Bolivia 3-1 • Alemania-Corea del Sur 3-2

Grupo D
Argentina-Grecia 4-0 • Nigeria-Bulgaria 3-0 • Argentina-Nigeria 2-1
Bulgaria-Grecia 4-0 • Nigeria-Grecia 2-0 • Bulgaria-Argentina 2-0

Grupo E
Irlanda-Italia 1-0 • Noruega-México 1-0 • Italia-Noruega 1-0
México-Irlanda 2-1 • Irlanda-Noruega 0-0 • Italia-México 1-1

Grupo F
Bélgica-Marruecos 1-0 • Holanda-A. Saudita 2-1 • Bélgica-Holanda 1-0
A. Saudita-Marruecos 2-1 • Holanda-Marruecos 2-1 • A. Saudita-Bélgica 1-0

Octavos de Final
Rumania-Argentina 3-2 • Suecia-Arabia Saudita 3-1 • Holanda-Irlanda 2-0
Brasil-EE.UU. 1-0 • Bulgaria-México 1-1 (pen. 3-1) • Alemania-Bélgica 3-2
Italia-Nigeria 2-1 • España-Suiza 3-0

Cuartos de Final
Suecia-Rumania 2-2 (pen. 5-4) • Brasil-Holanda 3-2
Bulgaria-Alemania 2-1 • Italia-España 2-1

Semifinales
Brasil-Suecia 1-0 • Italia-Bulgaria 2-1

Tercer Puesto
Suecia-Bulgaria 4-0

Final
Brasil-Italia 0-0 (pen. 3-2)

Francia 1998 /
La copa con sabor francés

La edición número 16 del Mundial se jugó otra vez en Francia. Era el último del siglo XX y el primero donde participaron treinta y dos equipos.

En la primera fase no hubo demasiadas sorpresas. Casi ninguno de los candidatos defraudó a su público. A excepción de España, que se quedó en el camino a pesar de golear por 6 a 1 a Bulgaria.

En octavos de final, la Argentina, que había ganado su grupo con tres victorias al hilo, se enfrentó a Inglaterra. El partido terminó 2 a 2, y en la definición por penales los sudamericanos dejaron nuevamente afuera a los británicos. Por su parte, Croacia derrotó a Rumania 1 a 0 y se perfiló como la revelación, y Nigeria fue sorprendida por Dinamarca, con un contundente 1 a 4. En el resto de los partidos se dieron los resultados lógicos.

En los cuartos de final, Croacia eliminó a Alemania con un categórico 3 a 0. Aunque fue un resultado un tanto exagerado, no dejó de ser merecido.

En otro partido por la misma fase, Brasil dejó afuera a Dinamarca luego de derrotarlo por 3 a 2. Por otro lado, también se enfrentaron italianos y franceses, que definieron por penales. La suerte estuvo del lado de los dueños de casa.

Por último, en el partido la Argentina-Holanda, los europeos ganaron 2 a 1 con un gol en el último minuto. Otra hubiera sido la historia si aquel remate de Batistuta al final del partido no se hubiese estrellado en el poste.

En las semifinales se dio la lógica, Brasil venció angustiosamente por penales a Holanda y Francia derrotó a Croacia.

Entonces, el mundo del fútbol quedó a la expectativa de una gran final. Y en un encuentro que había comenzado parejo, Francia convirtió el primer gol. A partir de allí todo fue de los europeos, que finalmente ganaron el partido por un categórico 3-0.

Ficha técnica

La sede: el Stade de France, que fue inaugurado en 1998, en Saint Denis, con una capacidad para 80 mil espectadores. Allí se jugó la final.

El balón: se usó el modelo Tricolore, similar al del Mundial anterior. Los colores fueron los de la bandera francesa.

El campeón: Francia (Barthez, Thuram, Leboeuf, Desailly y Lizarazu; Karembeu, Deschamps, Petit y Zidane; Djorkaeff y Guivarch).

Estadísticas

- Espectadores: 2.785.100
- Cantidad de países: 32
- Partidos jugados: 64
- Empates: 19
- Definición por penales: 3
- Goles: 171
  - Promedio de goles por partido: 2,67
  - Partido con más goles: España 6 – Bulgaria 1
  - Máximas goleadas: Argentina 5 – Jamaica 0
    España 6 – Bulgaria 0
  - Máximos goleadores: Suker (Croacia) 6
    Batistuta (Argentina) 5
    Vieri (Italia) 5
- Premio Fair Play de la FIFA: Inglaterra y Francia
- Balón de Oro: Ronaldo (Brasil)
- Premio FIFA para el equipo más atractivo: Francia
- Premio Yashin para el Mejor Arquero: Fabien Barthez (Francia)

Curiosidades y algo más

1 Mientras el empate mantenía a flote a los jamaicanos, Miroslav Blazevic, el seleccionador de Croacia, indicó a sus jugadores en el descanso que "no les permitiría volver al vestuario sin el partido ganado". La amenaza surtió efecto. A los ocho minutos del inicio de la segunda parte, Prosinecki aseguró la ventaja en el marcador.

2 En el partido de octavos de final entre Francia y Paraguay, por primera vez se definió un encuentro mundial por el sistema de "Gol de Oro". Fue convertido por el francés Laurent Blanc, en el minuto 113. Con este sistema (que aún está en vigencia), durante los 30 minutos de tiempo suplementario, el equipo que primero anota un gol gana el encuentro.

3 En cuanto a Jamaica, la aventura de los Reggae Boyz no llegó más allá de la primera fase. Sufrieron una derrota por 5-0 por parte de la Argentina, pero el seleccionador Simões mantuvo su optimismo: "Jamaica no pierde, es siempre la ganadora, porque siempre aprende", señaló. Este arduo aprendizaje se vio recompensado en su último partido contra Japón, en el que los caribeños se impusieron por 2 a 1. Los hinchas jamaicanos tenían al fin una victoria que celebrar aunque, en realidad, el solo hecho de llegar a Francia fue motivo suficiente de festejo.

Fixture

Primera Fase

Grupo A
Brasil-Escocia 2-1 • Marruecos-Noruega 2-2 • Brasil-Marruecos 3-0
Escocia-Noruega 1-1 • Noruega-Brasil 2-1 • Marruecos-Escocia 3-0

Grupo B
Italia-Chile 2-2 • Camerún-Austria 1-1 • Italia-Camerún 3-0
Chile-Austria 1-1 • Italia-Austria 2-1 • Chile-Camerún 1-1

Grupo C
Francia-Sudáfrica 3-0 • Dinamarca-Arabia Saudita 1-0 • Francia-Arabia Saudita 4-0
Sudáfrica-Dinamarca 1-1 • Arabia Saudita-Sudáfrica 2-2 • Francia-Dinamarca 2-1

Grupo D
Paraguay-Bulgaria 0-0 • Nigeria-España 3-2 • España-Paraguay 0-0
Nigeria-Bulgaria 1-0 • Paraguay-Nigeria 3-1 • España-Bulgaria 6-1

Grupo E
Holanda-Bélgica 0-0 • México-Corea del Sur 3-1 • Holanda-Corea del Sur 5-0
Bélgica-México 2-2 • Holanda-México 2-2 • Bélgica-Corea del Sur 1-1

Grupo F
Yugoslavia-Irán 1-0 • Alemania-EE.UU. 2-0 • Alemania-Yugoslavia 2-2
Irán-EE.UU. 2-1 • Alemania-Irán 2-0 • Yugoslavia-EE.UU. 1-0

Grupo G
Rumania-Colombia 1-0 • Inglaterra-Túnez 2-0 • Rumania-Inglaterra 2-1
Colombia-Túnez 1-0 • Rumania-Túnez 1-1 • Inglaterra-Colombia 2-0

Grupo H
Argentina-Japón 1-0 • Croacia-Jamaica 3-1 • Croacia-Japón 1-0
Argentina-Jamaica 5-0 • Argentina-Croacia 1-0 • Jamaica-Japón 2-1

Octavos de Final
Brasil-Chile 4-1 • Italia-Noruega 1-0 • Francia-Paraguay 1-0
Dinamarca-Nigeria 4-1 • Holanda-Yugoslavia 2-1 • Alemania-México 2-1
Croacia-Rumania 1-0 • Argentina-Inglaterra 2-2 (pen. 4-3)

Cuartos de Final
Brasil-Dinamarca 3-2 • Francia-Italia 0-0 (pen. 4-3)
Holanda-Argentina 2-1 • Croacia-Alemania 3-0

Semifinales
Brasil-Holanda 1-1 (pen. 4-2) • Francia-Croacia 2-1

Tercer Puesto
Croacia-Holanda 2-1

Final
Francia-Brasil 3-0

Corea Japón 2002 / Brasil, la costumbre de ganar

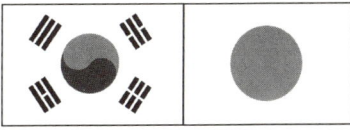

Fue el primer Mundial que se jugó en el continente asiático y, además, el primero organizado por dos países. Además, el primero del tercer milenio. A pesar de esto, tuvo un nivel demasiado mediocre y hasta fue considerado el peor de toda la historia.

El 31 de mayo, en Seúl, empezaron a sucederse las sorpresas. Uno de los máximos candidatos, Francia, perdió 1 a 0 con un desconocido, una selección debutante: Senegal, que luego llegaría a cuartos de final. Un empate ante Uruguay y una derrota frente a los daneses dejaba a los defensores del título afuera en la primera fase sin haber convertido un gol.

Con el otro candidato, la Argentina, ocurrió lo mismo. Le ganó a Nigeria, perdió con Inglaterra y empató con Suecia, y no le alcanzó para continuar en la competencia. Mientras tanto, el "siempre candidato", Brasil, ganó cómodamente su grupo. Además, Turquía, Senegal, Corea del Sur y los Estados Unidos se convirtieron en sorpresas, rompieron los pronósticos y llegaron a los cuartos de final.

A partir de esta etapa se acentuó un factor importante en el desarrollo de esta Copa: los arbitrajes sospechosos. Brasil y Corea del Sur serían los más beneficiados.

Ante Italia, los locales empataron agónicamente cuando faltaban dos minutos para el final del tiempo suplementario, y además el árbitro le anuló un gol a Italia. Luego expulsó a Totti por simular un penal. Y tres minutos antes de llegar a la definición por penales, Ahn convirtió y le dio el pasaje a cuartos de final a los locales.

En los cuartos, los surcoreanos fueron más favorecidos. Ante España, inexplicablemente, el árbitro egipcio Gamal Al Ghandour y sus jueces de línea anularon dos goles españoles perfectamente válidos: a los 4 minutos del segundo tiempo a Baraja por presunta falta de Helguera; y a los 2 del alargue, a Morientes con la excusa de que el balón había salido antes del centro de Joaquín. Finalmente, en la definición de los penales ganó Corea del Sur.

De este modo, uno de los dos locales, Corea del Sur, llegó a la semifinal y se enfrentó con Alemania, una selección que había llegado a esta instancia al derrotar a Paraguay y a los Estados Unidos, con un esquema que priorizaba lo defensivo. Por ello el partido fue aburrido: al equipo europeo le alcanzó con el gol de Michael Ballack para acceder por séptima vez a la definición de la Copa del Mundo. En la otra semifinal se encontraron dos equipos que habían demostrado un buen fútbol, o al menos más ofensivo: Brasil –que había eliminado a Bélgica y a Inglaterra–, y la revelación de la Copa, Turquía.

Finalmente, fue 1 a 0 para los sudamericanos con gol de Ronaldo.

El 30 de junio, en Yokohama, dos grandes del fútbol internacional, Brasil y Alemania, se enfrentaron por primera vez en la historia de los Mundiales. Los germanos llegaban con un solo gol en contra en seis partidos; su arquero, Oliver Kahn, era su máxima figura y había sido elegido el día anterior como el mejor jugador del torneo. Pese a ello, a los veintidós minutos del segundo tiempo Kahn cometió el error de su vida: Rivaldo disparó desde fuera del área, el guardameta dio un rebote largo hacia el medio del área y el mismo Ronaldo aprovechó para convertir con facilidad. Once minutos después, nuevamente Ronaldo colocó el 2 a 0 definitivo.

Brasil se había consagrado pentacampeón.

Ficha técnica

La sede: el estadio Internacional Yokohama, que fue inaugurado en 1997, en dicha ciudad, con una capacidad para 70 mil espectadores. Allí se jugó la final.

El balón: fue la marca Adidas la que creó a Fevernova, un balón preciso y rápido, motivo de una mejora en la capa de espuma sintética.

El campeón: Brasil (Marcos; Lucio, Roque Junior y Edmilson; Cafú, Gilberto, Kleberson y Roberto Carlos; Ronaldinho; Rivaldo y Ronaldo).

Récords de los Mundiales

El primer gol en los Mundiales fue marcado en 1930 por Laurent, de Francia. Cuatro años después, el italiano Schiavio marcó el gol N° 100. En 1958 el escocés Collins convirtió el gol N° 500, mientras que Rensenbrink de Holanda hizo el gol N° 1.000 en 1978. Por último, el argentino Caniggia marcó en 1994 el gol N° 1.500.

¿Sabía que...?

Pelé (Edson Arantes do Nascimento) es el único jugador del mundo que se puede considerar tricampeón mundial, porque fue pieza fundamental en los equipos de 1958 y 1970. Jugó dos partidos de la serie final de 1962, cuando se lesionó, y eso le impidió estar el día de la consagración.

Estadísticas

- Espectadores: 2.705.197
- Cantidad de países: 32
- Partidos jugados: 64
- Empates: 16
- Definición por penales: 2
- Goles de Oro: 3
- Goles: 161

- Promedio de goles por partido: 2,52
- Partido con más goles: Alemania 8 – Arabia Saudita 0
- Máxima goleada: Alemania 8 – Arabia Saudita 0
- Máximos goleadores: Ronaldo (Brasil) 8
  Klose (Alemani) 5
  Rivaldo (Brasil) 5
- Premio Fair Play de la FIFA: Bélgica
- Balón de Oro: Oliver Kahn (Alemania)
- Premio FIFA para el equipo más atractivo: República de Corea
- Premio Yashin para el Mejor Arquero: Oliver Kahn (Alemania)

¿Sabía que...?

Los brasileños Vavá (1958 y 1962) y Pelé (1958 y 1970), y el alemán Breitner (1974 y 1982) son los únicos que marcaron goles en dos partidos finales distintos. Cafú es el único jugador que participó en tres finales de la Copa del Mundo (1994, 1998 y 2002).

Curiosidades y algo más

1 Un pastor protestante de una pequeña localidad británica decidió proyectar los partidos del Mundial 2002 para sus parroquianos. De esta manera pretendía atraer a los feligreses a su iglesia, al menos los domingos, cuando se emitían los encuentros. Lo que no pudieron hacer los aficionados fue tomarse la típica cerveza mientras veían los partidos.

2 La mayor goleada en un Campeonato del Mundo tuvo lugar en las eliminatorias para el Mundial de Corea Japón, cuando Australia ganó a Samoa Americana por 31 a 0.

Fixture

Primera Fase

Grupo A
Senegal-Francia 1-0 • Dinamarca-Uruguay 2-1 • Francia-Uruguay 0-0
Dinamarca-Senegal 1-1 • Dinamarca-Francia 2-0 • Senegal-Uruguay 3-3

Grupo B
España-Eslovenia 3-1 • Paraguay-Sudáfrica 2-2 • España-Paraguay 3-1
Sudáfrica-Eslovenia 1-0 • España-Sudáfrica 3-2 • Paraguay-Eslovenia 3-1

Grupo C
Brasil-Turquía 2-1 • Costa Rica-China 2-0 • Brasil-China 4-0
Costa Rica-Turquía 1-1 • Brasil-Costa Rica 5-2 • Turquía-China 3-0

Grupo D
Corea del Sur-Polonia 2-0 • EE.UU.-Portugal 3-2 • Corea del Sur-EE.UU. 1-1
Portugal-Polonia 4-0 • Corea del Sur-Portugal 1-0 • Polonia-EE.UU. 3-1

Grupo E
Irlanda-Camerún 1-1 • Alemania-A. Saudita 8-0 • Alemania-Irlanda 1-1
Camerún-A. Saudita 1-0 • Alemania-Camerún 2-0 • Irlanda-A. Saudita 3-0

Grupo F
Argentina-Nigeria 1-0 • Inglaterra-Suecia 1-1 • Suecia-Nigeria 2-1
Inglaterra-Argentina 1-0 • Suecia-Argentina 1-1 • Nigeria-Inglaterra 0-0

Grupo G
México-Croacia 1-0 • Italia-Ecuador 2-0 • Croacia-Italia 2-1
México-Ecuador 2-1 • México-Italia 1-1 • Ecuador-Croacia 1-0

Grupo H
Japón-Bélgica 2-2 • Rusia-Túnez 2-0 • Japón-Rusia 1-0
Túnez-Bélgica 1-1 • Japón-Túnez 2-0 • Bélgica-Rusia 3-2

Octavos de Final
Alemania-Paraguay 1-0 • Inglaterra-Dinamarca 3-0 • Senegal-Suecia 2-1
España-Irlanda 1-1 (pen. 3-2) • EE.UU.-México 2-0 • Brasil-Bélgica 2-0
Turquía-Japón 1-0 • Corea del Sur-Italia 2-1

Cuartos de Final
Brasil-Inglaterra 2-1 • Alemania-EE.UU. 1-0
Corea del Sur-España 0-0 (pen. 5-3) • Turquía-Senegal 1-0

Semifinales
Alemania-Corea del Sur 1-0 • Brasil-Turquía 1-0

Tercer Puesto
Turquía-Corea del Sur 3-2

Final
Brasil-Alemania 2-0

Lo que viene... Alemania 2006

Grupo A	Grupo B	Grupo C
A1 Alemania	B1 Inglaterra	C1 Argentina
A2 Costa Rica	B2 Paraguay	C2 Costa de Marfil
A3 Polonia	B3 Trinidad y Tobago	C3 Serbia y Montenegro
A4 Ecuador	B4 Suecia	C4 Holanda

Grupo D	Grupo E	Grupo F
D1 México	E1 Italia	F1 Brasil
D2 Irán	E2 Ghana	F2 Croacia
D3 Angola	E3 Estados Unidos	F3 Australia
D4 Portugal	E4 República Checa	F4 Japón

Grupo G	Grupo H
G1 Francia	H1 España
G2 Suiza	H2 Ucrania
G3 Corea del Sur	H3 Túnez
G4 Togo	H4 Arabia Saudita

¿Sabía que...?

La final de Estados Unidos 1994 es recordada por los especialistas como la más aburrida de todos los Mundiales. Se enfrentaron Italia y Brasil, y el partido terminó cero a cero. Tuvo que decidirse por penales y, de esta forma, Brasil alcanzó el tetracampeonato.

Partidos de Grupos

Sede	viernes 09.06.06	sábado 10.06.06	domingo 11.06.06	lunes 12.06.06	martes 13.06.06	miércoles 14.06.06	jueves 15.06.06	viernes 16.06.06	sábado 17.06.06	domingo 18.06.06	lunes 19.06.06	martes 20.06.06	miércoles 21.06.06	jueves 22.06.06	viernes 23.06.06
Berlin				Partido 11 F1-F2			Partido 20 B4-B2					Partido 33 A4-A1			Partido 48 H2-H3
Dortmund		Partido 4 B3-B4				Partido 17 A1-A3					Partido 30 G4-G2			Partido 43 F4-F1	
Frankfurt		Partido 3 B1-B2			Partido 14 G3-G4				Partido 24 D4-D2						
Gelsenkirchen	Partido 2 A3-A4			Partido 10 E3-E4				Partido 21 C1-C3					Partido 37 C4-C1		
Hamburgo		Partido 5 C1-C2					Partido 18 A4-A2				Partido 32 H4-H2		Partido 39 D4-D1		
Hannover				Partido 9 E1-E2				Partido 23 D1-D3				Partido 34 A2-A3		Partido 41 E4-E1	Partido 46 G2-G3
Kaiserslautern					Partido 12 F3-F4				Partido 25 E1-E3			Partido 36 B2-B3			Partido 47 H4-H1
Colonia			Partido 8 D3-D4						Partido 26 E4-E2			Partido 35 B4-B1			Partido 45 G4-G1
Leipzig			Partido 6 C3-C4			Partido 15 H1-H2				Partido 29 G1-G3			Partido 40 D2-D3		
Munich	Partido 1 A1-A2		Partido 7 D1-D2			Partido 16 H3-H4				Partido 27 F1-F3			Partido 38 C2-C3		
Nuremberg							Partido 19 B1-B3	Partido 22 C4-C2		Partido 28 F4-F2				Partido 42 E2-E3	
Stuttgart					Partido 13 G1-G2						Partido 31 H1-H3			Partido 44 F2-F3	

Final

V= VENCEDOR **S= SEGUNDO CLASIFICADO** **P= PERDEDOR**

Sede	Octavos de final 24.06.06 sábado	25.06.06 domingo	26.06.06 lunes	27.06.06 martes	Cuartos de final 30.06.06 viernes	01.07.06 sábado	Semifinales 04.07.06 martes	05.07.06 miércoles	Tercer puesto 08.07.06 sábado	Final 09.07.06 domingo
Berlín					Partido 57 V49-V50					Partido 64 V61-V62
Dortmund				Partido 55 VF-SE						
Frankfurt						Partido 60 V55-V56				
Gelsenkirchen						Partido 59 V51-V52				
Hamburgo					Partido 58 V53-V54					
Hannover				Partido 56 VH-SG						
Kaiserslautern			Partido 53 VE-SF							
Colonia			Partido 54 VG-SH							
Leipzig	Partido 50 VC-SD									
Munich	Partido 49 VA-SB						Partido 61 V57-V58			
Nuremberg		Partido 52 VD-SC						Partido 62 V59-V60	Partido 63 P61-P62	
Stuttgart		Partido 51 VB-SA								

Apéndice /
La historia de los Mundiales en cifras

Máximos goleadores en un Mundial

Fontaine (Francia) en 1958	13
Kocsis (Hungría) en 1954	11
Muller (Alemania) en 1970	10
Eusebio (Portugal) en 1966	9
Ademir (Brasil) en 1950	9

Récords de los Mundiales

Mientras la FIFA y varias otras fuentes le dan el honor de haber sido el primero en anotar tres goles en un partido de Campeonato Mundial al norteamericano Bertran Patenaude (el 17 de julio de 1930, contra Paraguay), otros dicen que fue Guillermo Stábile de la Argentina el primero en lograrlo, dos días después, contra México.

Máximos goleadores de todos los Mundiales

Muller (Alemania)	14
Fontaine (Francia)	13
Pelé (Brasil)	12
Ronaldo (Brasil)	12
Kocsis (Hungría)	11
Klinsmann (Alemania)	11
Batistuta (Argentina)	10
Rahn (Alemania)	10
Cubillas (Perú)	10
Lineker (Inglaterra)	10
Lato (Polonia)	10
Baggio (Italia)	9
Rossi (Italia)	9
Vieri (Italia)	9
Jairzinho (Brasil)	9
Eusebio (Portugal)	9
Seeler (Alemania)	9
Rummenigge (Alemania)	9
Vavá (Brasil)	9
Ademir (Brasil)	9

Campeones de la historia de los Mundiales

Selección	Títulos	Mundiales
Brasil	5	Suecia 1958, Chile 1962, México 1970, EE.UU 1994, Corea Japón 2002
Alemania	3	Suiza 1954, Alemania 1974, Italia 1990
Italia	3	Italia 1934, Francia 1938, España 1982
Uruguay	2	Uruguay 1930, Brasil 1950
Argentina	2	Argentina 1978, México 1986
Inglaterra	1	Inglaterra 1966
Francia	1	Francia 1998

Tabla general de países 1930 – 2002

Nota: Se consideran 3 puntos por partido ganado.

Posición	País	Mundiales jugados	Partidos jugados	Partidos ganados	Partidos empatados	Partidos perdidos	Goles a favor	Goles en contra	Diferencia de gol	Puntos (PGx3+PE)
1	Brasil	17	86	60	13	13	190	80	110	193
2	Alemania	15	84	50	18	17	176	106	70	168
3	Italia	15	70	39	17	14	110	67	43	134
4	Argentina	13	60	30	11	19	102	69	33	101
5	Inglaterra	11	50	22	15	13	68	45	23	81
6	Francia	11	44	21	7	16	86	61	25	70
7	España	11	45	19	12	14	71	53	18	69
8	Rusia/URSS	9	37	17	6	14	64	44	20	57
9	Yugoslavia	9	37	16	8	13	60	46	14	56
10	Suecia	10	42	15	11	16	71	65	6	56
11	Uruguay	10	40	15	10	15	65	57	8	55
12	Holanda	7	32	14	9	9	56	36	20	51
13	Hungría	9	32	15	3	14	87	57	30	48
14	Polonia	6	28	14	5	9	42	36	6	46
15	México	12	41	10	11	20	43	79	-36	41
16	Austria	7	29	12	4	13	43	49	-6	40
17	Bélgica	11	36	10	9	17	46	63	-17	39
18	Checoslovaquia	8	29	11	4	14	43	44	-1	37
19	Rumania	7	21	8	5	8	30	32	-2	29
20	Chile	7	25	7	6	12	31	40	-9	27
21	Dinamarca	3	13	7	2	4	24	18	6	23
22	Paraguay	6	19	5	7	7	25	34	-9	22
23	Portugal	3	12	7	0	5	25	16	9	21
24	Suiza	7	22	6	3	13	33	50	-17	21
25	EE.UU.	7	22	6	2	14	25	45	-20	20
26	Camerún	5	17	4	7	6	15	29	-14	19
27	Escocia	8	23	4	7	12	25	41	-16	19
28	Croacia	2	10	6	0	4	13	8	5	18
29	Bulgaria	7	26	3	8	15	22	53	-31	17
30	Turquía	2	10	5	1	4	22	17	5	16
31	Perú	4	15	4	3	8	19	31	-12	15
32	Corea del Sur	6	21	3	6	12	19	52	-33	15
33	Irlanda	3	13	2	8	3	10	10	0	14
34	Irlanda del Norte	3	13	3	5	5	13	23	-10	14
35	Nigeria	3	11	4	1	6	14	16	-2	13
36	Colombia	4	13	3	2	8	14	23	-9	11
37	Costa Rica	2	7	3	1	3	9	12	-3	10
38	Marruecos	4	13	2	4	7	12	18	-6	10
39	Noruega	3	8	2	3	3	7	8	-1	9
40	Senegal	1	5	2	2	1	7	6	1	8
41	Alemania Oriental	1	6	2	2	2	5	5	0	8
42	Japón	2	7	2	1	4	6	7	-1	7
43	Argelia	2	6	2	1	3	6	10	-4	7
44	Arabia Saudita	3	10	2	1	7	7	25	-18	7
45	Gales	1	5	1	3	1	4	4	0	6
46	Sudáfrica	2	6	1	3	2	8	11	-3	6
47	Túnez	3	9	1	3	5	5	11	-6	6
48	Corea del Norte	1	4	1	1	2	5	9	-4	4
49	Cuba	1	3	1	1	1	5	12	-7	4
50	Irán	2	6	1	1	4	4	12	-8	4
51	Ecuador	1	3	1	0	2	2	3	-1	3
52	Jamaica	1	3	1	0	2	3	9	-6	3
53	Honduras	1	3	0	2	1	2	3	-1	2
54	Israel	1	3	0	2	1	1	3	-2	2
55	Egipto	2	4	0	2	2	3	6	-3	2
56	Australia	1	3	0	1	2	2	6	-4	1
57	Kuwait	1	3	0	1	2	0	5	-5	1
58	Bolivia	3	6	0	1	5	1	20	-19	1
59	Iraq	1	3	0	0	3	1	4	-3	0
60	Eslovenia	1	3	0	0	3	2	7	-5	0
61	Canadá	1	3	0	0	3	0	5	-5	0
62	Antillas Holandesas	1	3	0	0	3	0	6	-6	0
63	Emiratos Árabes Un.	1	3	0	0	3	2	11	-9	0
64	China	1	3	0	0	3	0	9	-9	0
65	Nueva Zelandia	1	3	0	0	3	2	12	-10	0
66	Grecia	1	3	0	0	3	0	10	-10	0
67	Haití	1	3	0	0	3	2	4	-12	0
68	Zaire	1	3	0	0	3	0	14	-14	0
69	El Salvador	2	6	0	0	6	1	22	-21	0

Mayor número de goles en un partido

Jugador	Goles	Selección	Partido
Oleg Salenko	5	Rusia	vs. Camerún (EE.UU. 1994)
Leónidas Da Silva	4	Brasil	vs. Polonia (Francia 1938)
Ernest Willimowski	4	Polonia	vs. Brasil (Francia 1938)
Gustav Wetterstroem	4	Suecia	vs. Cuba (Francia 1938)
Ademir Marques	4	Brasil	vs. Suecia (Brasil 1950)
Juan Schiaffino	4	Uruguay	vs. Bolivia (Brasil 1950)
Sándor Kocsis	4	Hungría	vs. Alemania (Suiza 1954)
Just Fontaine	4	Francia	vs. Alemania (Suecia 1958)
Eusebio Da Silva	4	Portugal	vs. Corea del Norte (Inglaterra 1966)
Emilio Butragueño	4	España	vs. Dinamarca (México 1986)

¿Sabía que...?

Los jugadores que se consagraron dos veces campeones mundiales fueron los italianos Meazza y Ferrari (en 1934 y 1938); los brasileños Gilmar, Nilton Santos, Djalma Santos, Zito, Garrincha, Didí, Vavá y Zagallo (en 1958 y 1962) y Cafú (en 1994 y 2002); el argentino Daniel Passarella (en 1978 y 1986, aunque debido a una lesión no participó de los partidos de la serie final); y el brasileño Ronaldo (en 1994 y 2002, aunque en el primer caso no participó, por lesión, de los partidos de la serie final).

Los jugadores que estuvieron presentes en dos partidos finales fueron los argentinos Burruchaga, Maradona y Ruggeri y los alemanes Brehme, Berthold, Matthaeus, Voeller (en 1986 y 1990); Hoeness (en 1974 y 1986); Schumacher, Karl Foster, Briegel, Rummenigge (en 1982 y 1986); y Beckenbauer y Overath (en 1966 y 1974); los brasileños Castilho, Gilmar, Bellini, Didí, Zagallo, Djalma Santos, Mauro, Zito, Vavá y Pepe (1958 y 1962); Taffarel, Aldair y Dunga (en 1994 y 1998); Ronaldo, Rivaldo, Roberto Carlos y Denilson (en 1998 y 2002); los holandeses Jonbloeb, Krol, Suurbier, Jansen, Neeskens, Haan, Rep, Rudi Van de Kerkhof y Resenbrink (en 1974 y 1978); y los italianos Ferrari, Meazza, Monzeglio y Massetti (en 1934 y 1938).